東京神社

最強參拜地圖

戸部民夫

瑞昇文化

前言

一次走訪多所神社或寺院的「社寺巡禮參拜」是日本自古由來已久的信仰型態之一。「社寺巡禮」除了帶有歷史層面的意義外，更被期待能心想事成。目前坊間雖有多本介紹神社巡禮的書籍，但隨著供奉的神祇不同，庇佑的項目、特性及特質也非常多樣化。

本書依照各祈願項目規劃路線，讓讀者能夠根據不同目的，一次參拜數間符合需求的神社。隨著時代與社會變遷，日本眾神也發揮在各方面的強大神力，或許不少讀者會認為，無論是哪間神社的神祇都大同小異，但由神祇基本性格所形成的「主要靈力」，其強大能量反而能為信眾帶來最佳效果。因此本書根據神祇們的「主要靈力」，精選各種祈願內容所對應的神社神祇，規劃出最適合的參拜路線。

整體而言，「祈求開運、實現發願路線」是參拜一般被認為能夠強化各方面運勢的神祇；「祈求財福雙全路線」當然就是參拜人稱福神，能讓生意興隆的神祇；「祈求戀情路線」中則是以大國主命為首的諸位婚姻及夫妻之神；「祈求功成名就路線」則是參拜自古便被認為能帶來成功勝利的神祇；「祈求學藝精進、金榜題名路線」除了提到智慧之神外，還有像菅原道真，這類遺德偉業讓後人將其奉為學問之神的神祇。

本書除了根據上述祈願項目，帶領各位認識多所神社外，更分享了古代江戶庶民遊山玩水、行樂休憩的方法，讓讀者們在參拜過程中，也能體驗東京近代歷史、名勝遺跡及遊憩景點的魅力所在。此外，書中也同時介紹千葉縣、神奈川縣、埼玉縣、茨城縣、栃木縣及熱海等，位處東京近郊，參拜後能當天往返東京市區的社寺。

希望本書除了能讓有收集御朱印習慣的讀者，以及經常參與神社巡禮的高手們更加享受其中樂趣外，也期待剛準備加入參拜神社行列的讀者能夠將本書作為入門工具書多加利用。

二〇一六年十二月　戶部民夫

四個步驟輕鬆掌握！

參拜的基本常識

參拜有規定順序？
要怎樣才能求得御朱印？
在開始走訪神社前，
讓我們熟記必須知道的
基本參拜禮儀。
在此更同時與讀者分享
讓心願實現、效力加倍的祈願方法。

Step 1

於鳥居前一鞠躬

在尚未穿越鳥居時，需在鳥居前輕輕一鞠躬，並從最外圍的「一之鳥居」依序穿越。由於參道中央稱為「正中」，是神祇行走的路線，因此當各位在穿越參道時，應盡量靠邊行走。

Step 2

藉由「清洗雙手」將汙穢去除

參拜前，需在手水舍淨身。首先，以右手拿勺子取水，依左手→右手→漱口→左手的順序清洗。最後將勺子立起，讓水流下清洗勺柄。在漱口時，勺子不可直接與嘴碰觸。

❶

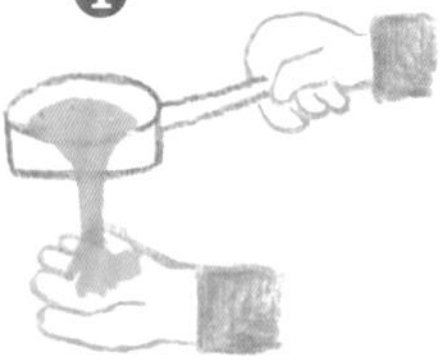

以右手取水，
清洗左手

❷

以左手取水，
清洗右手

❸

以左手
取水漱口

❹

用剩餘的
水清洗勺柄

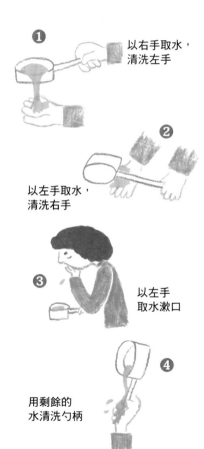

Step 4

以「發誓」的心情祈願

祈願要在拍手二次之後。首先，可以先向神祇表達對日常生活的感謝，接著在心中默念今天前來參拜的目的。據說順便告知姓名及地址的話，將更容易讓願望實現。

專欄小知識

要如何取得御朱印？

御朱印可說是參拜證明，因此請結束參拜後，再前往社務所。備妥些許初穗料（供奉給神祇的金錢），安靜地等待領取御朱印，順利取得御朱印後，別忘了向神祇道謝。若能將收集御朱印的冊子分為神社用及寺廟用那就再好不過了！

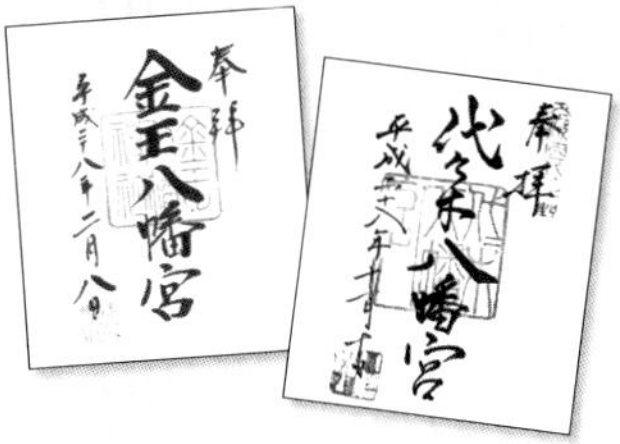

將香油錢投入香油錢箱後，二鞠躬
❶
拍手二次
❷
一鞠躬
❸

Step 3

依二拜、二拍手、一拜順序參拜

頷首後，若有搖鈴則晃動搖鈴。接著將香油錢投入香油錢箱，依「二拜、二拍手、一拜」順序參拜。在神祇面前深鞠躬二次，接著將雙手合掌，右手高度下拉至左手虎口處，並拍手二次。雙手再次合十祈願，最後再拜一次即可。

參拜神社時常見的10個疑問

為各位回答在造訪神社前，
10 個與參拜基本禮儀相關的疑問！

01 有無能夠充分傳達心願的參拜方法？

參拜時除了向神祇「許願」外，也要充分表達對日常生活平安順遂的感謝之情，因此建議讀者在參拜時，應抱著「在神祇面前立下誓言」的心情，並許下心願。如何向神祇展現誠心則取決於自我本身的心態。

02 是否可對著神明照相？

除了特別註明禁止攝影的神社外，一般神社基本上都允許拍照。建議讀者們可在參拜完後拍攝，但要特別注意御神體及社殿內部為禁止攝影。此外，需避免使用閃光燈，以防傷害到建築物。

03 是否有參拜效果較好的時間段？

神社境內基本上都可自由參拜。有陽光的期間除了陽氣旺盛外，更可充分享受綠意及境內氛圍，因此一般較為推崇。在過去，規模較大的神社到了夜晚會關閉社務所及社殿，讀者在前往參拜時需特別注意。

04 應該要投入多少香油錢？

5 日圓的日文發音與「有緣分」相同，因此被認為非常吉利。捐獻的香油錢並非越多越好，某些數字的特殊含義，反而更被視為隱藏著好兆頭。

- 5 日圓：有緣
- 10 日圓（**2 枚 5 日圓**）：雙倍有緣
- 15 日圓：十分有緣
- 21 日圓：不能用 5 整除的數字，因此被認為能夠幫助戀情穩定、夫妻和睦
- 25 日圓：加倍有緣
- 35 日圓：再三有緣
- 45 日圓：始終有緣
- 50 日圓：五倍有緣
- 105 日圓：十分有緣
- 115 日圓：有「好＊」緣
- 125 日圓：有充足的緣分
- 485 日圓：緣分來自四面八方
- 1 萬日圓：從日文「萬圓」轉換為「圓萬」，並帶有「圓滿」之意

＊11 在日文中可讀成「いい」(=「好」)

05 神社境內不止一棟建築物，該以怎樣的順序參拜？

除了供奉有主祀神祇的本殿外，境內其他規模較小的建築物名為「攝社」或「末社」。請參拜完本殿後，再行前往攝社或末社參拜。「攝社」供奉著與主祀神祇有親子、兄弟關係，或土地之神等，與主祀神祇淵源極深的神祇，「末社」則供奉其他存在歷史淵源的神祇。

06 籤詩究竟該綁在神社？還是攜帶回家？

將籤詩帶回家並沒有任何問題，但若將籤詩綁在神社，即意味著「與神祇結緣」。據說當抽到不好的籤詩時，只要以非慣用手單手打結，就能跨越困難，化兇為吉。

07 身上是否可攜帶多個御守？

雖然我們都曾聽過若身上攜帶太多御守，會害神祇們吵架的說法，但日本為存在有「八百萬神」的國家，萬物皆有神，因此我認為神祇們彼此間能和平共存。然而，御守乃神祇寄託神力之物，需謹慎保管。

08 神社的御朱印是否可與寺院的蓋在同一本冊子？

日本信仰與佛教融合，在神佛習合（神道與佛教融合）後，雖然衍生出一套獨特禮儀，但依社寺不同，想法也相異，甚至有部分社寺認為御朱印冊不得混用。在參拜七福神時，會出現社寺同列的情況，因此需事前詳加確認。

09 身體欠安及生理期間是否不能參拜？

當身體不適時，現身神社等人聲鼎沸的場合較為不妥，建議確認身體狀態後再行參拜。若自己也認為「今天似乎不太合適參拜…」，那不妨擇日另行前往。

10 10月（神無月）前往參拜是否沒有任何意義？

據說「神無月」時，來自全國的所有神祇會聚集島根縣「出雲大社」出席會議。詳細內容雖然眾說紛紜，但其中一個說法，是當諸神們在神無月時前往出雲期間，「留守神」會負責留守人間，守護神社。另一方面，神社即為禮拜神祇的場所，因此據說就算神祇外出，無論是在哪一神社參拜，神祇還是有辦法聽到信眾的祈求。

目次

4 傳授祈求神祇時，最靈驗的參拜方法
參拜的基本常識

11 祈求開運、實現發願的最佳參拜路線［淺草、向島］
14 淺草神社
15 今戶神社
16 三囲神社／鷲神社
17 鳥越神社／吉原神社
18 還有這些！祈求開運、實現發願神社一覽

21 祈求財福雙全的最佳參拜路線［澀谷區、港區］
24 代代木八幡宮・出世稻荷社
25 金王八幡宮・玉造稻荷神社
26 豐川稻荷東京別院・融通稻荷
27 芝大神宮／十番稻荷神社
28 還有這些！祈求財福雙全神社一覽

31 祈求戀情的最佳參拜路線❶［千代田區、港區］
34 東京大神宮
35 日枝神社
36 赤坂冰川神社
37 出雲大社東京分祠／結神社・虎之門金刀比羅宮境內末社

39 祈求戀情的最佳參拜路線❷［千代田區、文京區、四谷區］
42 神田神社
43 根津神社
44 白山神社
45 妻戀神社／四谷於岩稻荷田宮神社
46 還有這些！祈求戀情神社一覽

51 祈求功成名就的最佳參拜路線［港區、新宿區］
54 愛宕神社
55 皆中稻荷神社
56 乃木神社
57 豐川稻荷東京別院／花園神社・藝能淺間神社
58 還有這些！祈求功成名就神社一覽

61 祈求學藝精進、金榜題名的最佳參拜路線❶
［上野區、文京區］
64 湯島天滿宮
65 龜戶天神社
66 小野照崎神社／上野東照宮・榮譽權現社
67 五條天神社／牛天神北野神社
69 祈求學藝精進、金榜題名的最佳參拜路線❷
［港區、新宿區］
72 平河天滿宮
73 松陰神社
74 東鄉神社
75 明治神宮／平田神社
76 還有這些！祈求學藝精進、金榜題名神社一覽
79 七福神巡禮
80 ❶淺草名勝 七福神
82 ❷日本橋 七福神
84 ❸港區 七福神
86 ❹隅田川 七福神
88 ❺千住 七福神
90 集結一處的七福神
93 祈求身體各部位健康的最強參拜地圖
96 稻荷鬼王神社
97 大鳥神社／牛嶋神社
98 高尾稻荷神社／茶之木稻荷神社・市谷龜岡八幡宮末社
99 淡島堂／八雲冰川神社
100 關神社・王子神社境內末社／八耳神社・赤城神社境內末社
101 寵物守護神的最強參拜地圖
104 美喜井稻荷神社
105 市谷龜岡八幡宮
106 武藏御嶽神社／三光稻荷神社

107 祈求消災解厄的最強參拜地圖

110 門田稻荷神社

111 於岩稻荷田宮神社

112 緣切榎／葉稻荷尊天・豐川稻荷東京別院

113 三狐稻荷神社・鴻神社境內社／鹿島神社

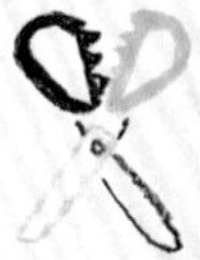

114 想要嫁入豪門！想要畢業前就找到工作！想要變瘦變漂亮！etc……就把這些心想卻無法事成的願望交給神祇們吧！

為你解決煩惱的神社

【專欄小知識】

❶ 什麼?! 以「祈求戀情」聞名的大國主命竟坐擁6名妻子及181名孩子！

❷ 為何神社有時候會供奉實際存在過的人物？

❸ 人稱學問之神的菅原道真竟是個冤魂！

❹ 你是否知道「稻荷神」又名叫「宇迦之御魂神」？

❺ 聽說名氣響亮的美人弁財天其實是個日印混血?!

祈求開運、實現發願的最佳參拜路線

「淺草、向島」

本書列出被評選為「願望真能實現」的最靈驗神社！
對於最近總感覺氣場不足的讀者，
不妨前往這些能為你帶來超強運勢的神社，
只要虔誠祈願，就會擁有滿滿好運。

【祈願項目】

心想事成

生意興隆

實現發願

祈求開運、實現發願的最佳參拜路線

淺草、向島

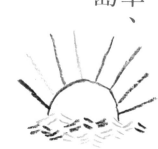

能帶來超強運勢，讓你心想事成的神社！

知名觀光景點淺草的喧囂，飄散著舊江戶的氛圍及庶民風情

本路線是以知名觀光景點淺草為中心，換言之，可說是排進了淺草、向島地區絕對不可跳過，知名度及靈驗度極高的神社參拜行程。從祭拜「酉神」發祥地的鷲神社出發後，整路下來可有不少超人氣參拜景點。

路線中除了有充滿舊吉原遊廓（日本古代由政府劃定的紅燈區）歷史氣息的吉原神社外，今戶神社附近的待乳山聖天更是知名小說家——池波正太郎（西元 1923-1990 年）著作中經常出現的場景。

橫跨隅田川的言問橋不僅是拍攝東京知名地標晴空塔（Sky Tree）的絕佳景點外，橋端東側的向島還有三囲神社。在繞遊一大圈後，穿越吊有大燈籠的雷門，行經仲見世通，來到供奉有淺草觀音的淺草寺。淺草寺與比鄰的淺草神社間有著極深的歷史淵源，若能同時參拜，想必將可為運勢帶來加乘效果。

一路沿藏前橋通前進，位於途中的鳥越神社周圍更是逃過戰火摧殘，保留有當年的舊城庶民風情。從鳥越神社前往ＪＲ總武線淺草車站沿途的江戶通更是以批發人偶、玩具、文具等商品聞名。希望讀者們在參拜的過程中，也能同時享受充滿江戶歷史情懷的庶民氣息。

以祈求良緣、夫妻和睦聞名的待乳山聖天

於待乳山聖天南邊出生的作家・池波正太郎不僅曾將待乳山聖天形容為「心靈的故鄉」，入口台階旁更立有池波的誕生紀念碑。

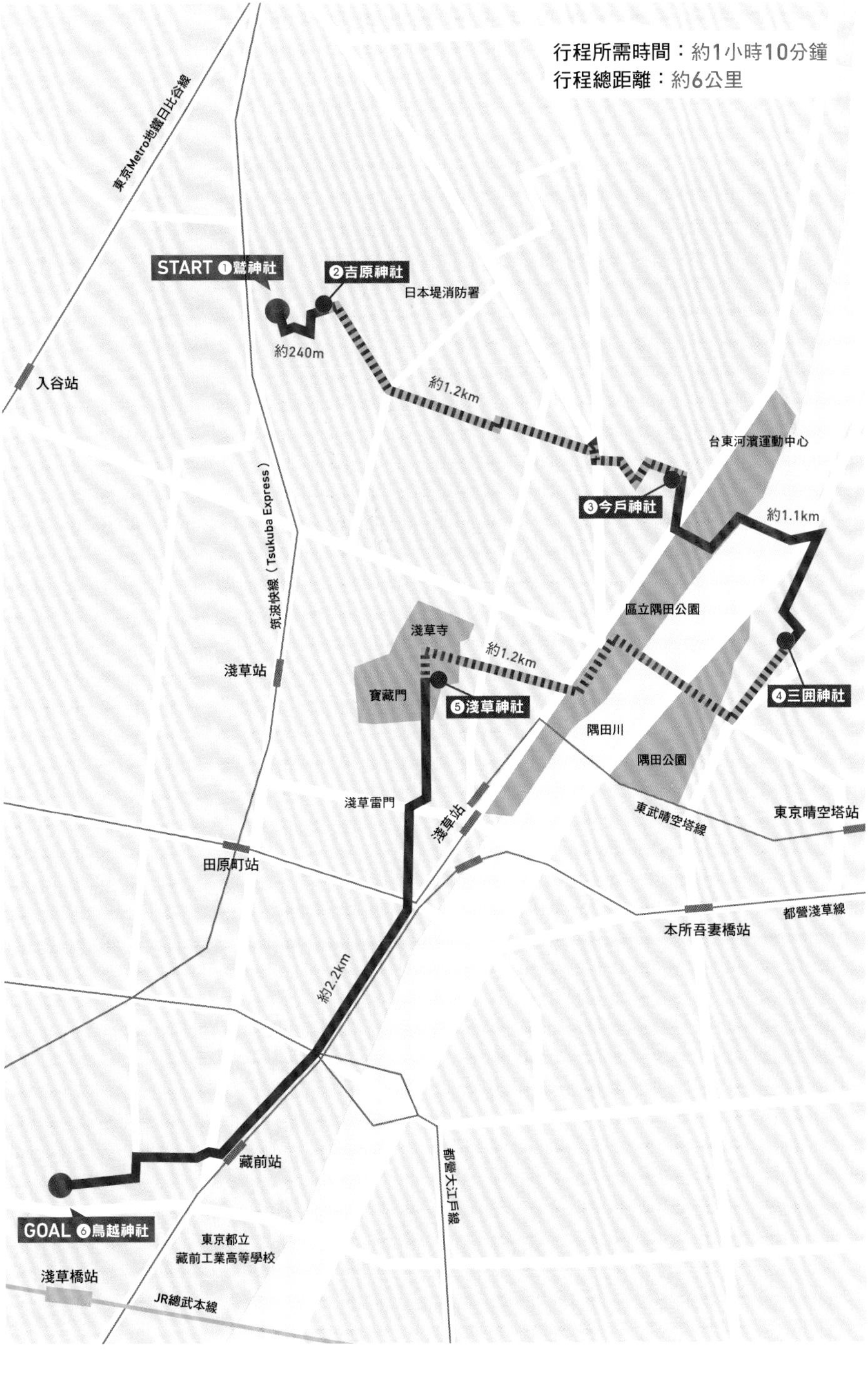
行程所需時間：約1小時10分鐘
行程總距離：約6公里
東京Metro地鐵日比谷線
START ❶鷲神社
❷吉原神社
日本堤消防署
約240m
入谷站
約1.2km
台東河濱運動中心
❸今戸神社
約1.1km
筑波快線（Tsukuba Express）
區立隅田公園
淺草寺
約1.2km
淺草站
寶藏門
❺淺草神社
❹三囲神社
隅田川
隅田公園
淺草雷門
淺草站
東武晴空塔線
東京晴空塔站
田原町站
本所吾妻橋站
都營淺草線
約2.2km
藏前站
都營大江戶線
GOAL ❻鳥越神社
東京都立
藏前工業高等學校
淺草橋站
JR總武本線

以「三社神」聞名的三社祭慶典有著滿滿的開運能量！

淺草神社

P13 MAP-5

於每年五月中旬舉辦的三社祭除了是「江戶三大祭典」之一外，更是淺草神社自江戶時代傳承至今，讓庶民子孫熱血沸騰的重要盛事。淺草神社由來已久的開運能量同時支持著舊城區蓬勃發展。

　淺草神社供奉的神祇人稱「三社神」，分別為土師真中知、檜前濱成及檜前竹成兄弟。這三人從海中打撈起一座觀音像（觀世音菩薩），並將其作為淺草寺本尊密藏佛像尊奉，後人為感念其功勞，便將三位視為神祇供奉。

　雖然淺草神社的創建年份已不可考，但據說是平安時代末期至鎌倉時代初期期間，淺草寺創始者真中知的子孫遵循夢境中觀世音菩薩的指示，為三人建立神社祭祀。

御朱印

祭祀神祇

土師真中知命、
檜前濱成命、
檜前竹成命

祈願項目

心想事成、闔家平安、生意興隆、社運昌隆、無病消災、病痛痊癒、順產、金榜題名等

Information

東京都台東区浅草2-3-1

☎ 03-3844-1575

搭乘東京Metro地鐵銀座線等，從「淺草」站步行約7分鐘

一對大大的招財貓 為各位招來幸運

今戸神社

P13 MAP-3

今戸神社除了是招財貓的發祥地外，更是新選組隊士——沖田總司的安息之地，可說話題性十足。而畫有兩隻據說開運功力一級棒的招財貓繪馬更是掛滿了整座繪馬牆上，全寫著參拜者心願。近幾年據說求姻緣也相當靈驗，因此前來參拜的多為年輕女性，神社境內好不熱鬧。

康平6年（西元1063），源賴義、源義家父子為求奧州討伐勝利，便將京都石清水八幡宮的神靈恭迎至此並予以供奉，這也成了今戸神社的創建由來。八幡神（應神天皇）本為武神，但其後境內又供奉了眾神中最早結婚，被譽為夫妻之神的伊弉諾尊及伊弉冉尊，因此目前更是以能夠招來幸運、良緣之神聞名，擁有極高人氣。

御朱印

祭祀神祇

應神天皇、伊弉諾尊、伊弉冉尊

祈願項目

心想事成、締結姻緣、夫妻和睦、順產、生意興隆、金榜題名、學業進步、身體健康等

Information

東京都台東区今戸1-5-22

☎ 03-3872-2703

搭乘東京Metro地鐵銀座線等，從「淺草」站步行約15分鐘

三井集團守護神的「超強運勢」能量全開

三囲神社

若能取得三囲神社的「強運御守」或「金銀富貴御守」，據說對排除各種苦難及招來好運可是相當靈驗。

正如同別名的「三井稲荷」，三囲神社自京都富商──三井家族在江戶中期進軍關東江戶地區時，便被視為三井家（現在的三井集團）的守護神，極受尊崇。

日文稱作「みめぐり」，據說是在南北朝時代，當社殿進行重建之際，白狐曾繞行神像三圈而來。此外，神社境內更佇立著過去置於三越百貨公司池袋店（於2009年結束營業）的獅子像，迎接著參拜訪客。

P13 MAP-④

祭祀神祇
宇迦之御魂命

祈願項目
開運招福、生意興隆、家運興旺等

Information
東京都墨田区向島2-5-17
☎ 03-3622-2672
搭乘東武晴空塔線，從「東京晴空塔」站步行約8分鐘

充滿「酉神」開運神力的「竹耙」熊掌御守

鷲神社

供奉有淺草「酉神」的鷲神社以每年11月酉日時舉辦的「酉市」聞名。

此處祭祀的天日鷲命曾出現在日本古代的天岩戶神話，故事中提到天日鷲命「為世界帶來光明、吉兆」，因此自古以來就被深信是能夠開運、幫助生意興隆的神祇。

在熱鬧非凡的「酉市」祭典中所求得的「竹耙」熊掌御守更是充滿天日鷲命的開運神力。不僅如此，鷲神社內更有一個名為「なでおかめ」的木雕大臉，據說依照不同的撫摸部位，分別能為財運、姻緣等運勢加分。

P13 MAP-①

祭祀神祇
天日鷲命、日本武尊

祈願項目
開運招福、生意興隆、消災、高爾夫球藝精進等

Information
東京都台東区千束3-18-7
☎ 03-3876-1515
搭乘東京Metro地鐵日比谷線，從「入谷」站步行約7分鐘

透過「鳥越夜祭」，接收來自諸神的強大能量

鳥越神社

在讓江戶子孫熱血沸騰的眾多大型祭典中，能將氣氛推向高潮的，當然就是以名為千貫神轎的大神轎遠境聞名的「鳥越夜祭」。

鳥越神社所供奉的神祇可是各個神力無邊，能為信徒帶來滿滿的開運能量。

神社的起源據說是當日本武尊在東征途中滯留此地，當地居民為緬懷武尊的威德，因此將其尊奉為「白鳥明神」。

於境內合祀的天兒屋根命為藤原氏的祖神。此外，同樣合祀於此的德川家康原先供奉在藏前的松平神社，但在關東大地震（發生於1923年9月1日的地震）後，便移置鳥越神社。

P13 MAP-❻

祭祀神祇

日本武尊、[合祀]天兒屋根命、德川家康

祈願項目

功成名就、化解厄運、生意興隆、順產、育兒順利等

Information

東京都台東區鳥越2-4-1

☎ 03-3851-5033

搭乘JR總武線，從「淺草橋」站步行約8分鐘

舊吉原的艷麗遊女為女性的運勢加分！

吉原神社

江戶時代明曆的大火（西元1657年）後到昭和33年（西元1958年），擁有約300年歷史的舊吉原遊廓。在此區域的一隅佇立著吉原神社。

街道上雖然已無昔日遊廓所留下的痕跡，但這裡可曾是華麗江戶的流行發源地，讓人彷彿還能感受到遊女（娼妓）的魅惑氣息。

現在的吉原神社除了合祀有遊廓地主神的玄德稻荷社外，另供奉著分別坐落於吉原遊廓四角的稻荷社，共計五座神社。吉原神社更同時供奉弁財天及可視為同一神祇的市杵嶋姬命，因此特別強調能為女性開運及解惑，據說相當靈驗。

P13 MAP-❷

祭祀神祇

倉稻魂命

市杵嶋姬命（吉原弁財天）

祈願項目

開運、生意興隆、技藝精進、守護女性等

Information

東京都台東區千束3-20-2

☎ 03-3872-5966

搭乘東京Metro地鐵日比谷線，從「三之輪」或「入谷」站步行約15分鐘

還有這些！

歡迎造訪附近其他神社！

祈求開運、實現發願神社一覽

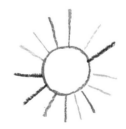

【千葉縣】

千葉神社

北極星之神用強大的解厄神力為你開運！！

千葉神社是能開拓命運，供奉著北極星之神的知名神社，當地居民多以「妙見神」稱之。境內所供奉的北辰妙見尊星王可是擁有強大開運神力。所謂的「北辰」係指恆處於天空中心的北極星，由於北極星恆亮於北方天際，因此自古便是旅人或航海之人掌握方位，確保安全的重要指引。當覺得諸事不順時，不妨前往參拜，為自己的運勢加分！

祭祀神祇

北辰妙見尊星王（天之御中主大神）

祈願項目

解厄開運、八方驅惡、順產、嬰兒滿月參拜、七五三參拜、十三參拜、金榜題名、學業進步

Information

千葉縣千葉市中央区院內1-16-1

☎ 043-224-2211

搭乘JR總武線等，從「千葉」站步行約10分鐘

【北區】

王子神社

以悠久歷史著稱！能為你實現開運、招福願望！

王子神社所供奉的神祇，庇護著自平安時代起，掌管這片土地超過300年，為江戶東京奠定發展根基的知名氏族——豐島氏，這也讓王子神社自古便以開運招福著稱。若有幸在每年舉辦的「槍祭」求得「御槍」御守，聽說那年就能夠「開運消災、實現發願」。當地地名會被稱為「王子」，據悉是因為從紀州的熊野三社恭迎來子神「王子大神」之故。

祭祀神祇

伊邪那岐命、伊邪那美命等五位神祇

祈願項目

開運招福、化解厄運、加強運勢、身體健康等

Information

東京都北区王子本町1-1-12

☎ 03-3907-7808

搭乘JR京濱東北線等，從「王子」站步行約3分鐘

【江東區】

富岡八幡宮

「深川八幡祭」中，江戶最大且最具知名度的八幡神為你開啟明天的運勢！

富岡八幡宮自江戶初期創建以來，便供奉著深受舊城庶民愛戴的八幡神。八幡神不僅是名武神，更是在太平盛世期間，發揮開運能量，一路守護江戶這個大都市發展的「江戶最大八幡神」。知名的夏季慶典「深川八幡祭」歷史悠久，亦是「江戶三大祭典」之一。由於在江戶時代，富岡八幡宮舉辦有「勸進相撲」*，因此境內佇立著許多刻有橫綱、大關等相撲力士名字的石碑，為參拜者的決勝運勢加分。

祭祀神祇
應神天皇（譽田別尊）

祈願項目
開運、消災招福、決勝運勢、學習進步等

Information
東京都江東区富岡1-20-3
☎ 03-3642-1315
搭乘東京Metro地鐵東西線等，從「門前仲町」站步行約3分鐘

*藉由舉辦相撲活動，來募捐神社營運所需費用

【大田區】

新田神社

破魔矢的起源「矢守」，以強大的能量解厄!!

新田神社所供奉的雖是以怨靈之名讓人畏懼的神祇，但卻也能為信眾擊退讓運勢衰退的「邪氣」。日本南北朝時代，活躍於南方的知名武將──新田義興因遭逢叛變憤慨而死，據說新田死後的怨念更形成靈異光影。昔日令人心生畏懼的怨念如今竟搖身一變成為開運能量！新田神社的除魔御守「矢守」不僅是由江戶時代的發明家平賀源內所發明，更同時是日本破魔矢*的起源。

祭祀神祇
新田義興公

祈願項目
必勝開運、解厄招福、祈求戀情、金榜題名等

Information
東京都大田区矢口1-21-23
☎ 03-3758-1397
搭乘東急多摩川線，從「武藏新田」站步行約4分鐘

*日本新年時於寺院、神社求得，用來祈福驅邪的箭狀吉祥物

【北區】

王子稻荷神社

滿滿的狐狸石像及「狐穴」祠讓你運勢大開！

王子稻荷神社不僅因日本落語*「王子之狐」為人所熟知，更是關東地區的稻荷總神社。境內自古便棲息著許多狐狸，被信眾們尊奉為「神使」。據說在每年的12月31日，關東地區的狐狸會齊聚一堂，點亮狐火，浩浩蕩蕩地前去新年參拜，這個狐火更是被農民們用來問卜新的一年豐收與否的靈火。對庶民百姓而言，狐火就好比能夠突破人生邪惡苦難困境，開啟運勢之火。

祭祀神祇
宇迦之御魂神

祈願項目
開運招福、預防火災、生意興隆、五穀豐收等

Information
東京都北区岸町1-12-26
☎ 03-3907-3032
搭乘JR京濱東北線等，從「王子」站步行約8分鐘

*一種傳統表演藝術）作品「王子之狐（王子のキツネ）」

【新宿區】

花園神社

讓東京繁華街鎮保有生氣活力的開運神祇

花園神社坐落於閃爍著華麗霓虹燈的新宿歌舞伎町旁，其所散發的能量絲毫不亞於新宿繁華區的旺盛活力，更是能為運勢加分、成功開運的靈驗神社。據說在德川家康開創江戶幕府前，便從大和國的吉野山（現在的奈良縣）恭迎神祇於此，其後更被視為新宿的總守護神供奉至今。在每年11月舉辦的酉市祭典中，許多信徒都會前來求取能讓生意興隆的熊掌御守，好不熱鬧。

祭祀神祇
倉稻魂神、日本武尊、受持神

祈願項目
開運、出人頭地、財福雙全、生意興隆等

Information
東京都新宿区新宿5-17-3
☎ 03-3209-5265
🚆 搭乘東京Metro地鐵丸之內線等，從「新宿三丁目」站步行約3分鐘

【西東京市】

東伏見稻荷神社

帶人步上幸福的人生道路，擁有既豐裕又美滿的生活!!

一般人都會認為稻荷神是庇佑生意興隆的守護神，但其實在日本諸神中，稻荷神也能讓人生活豐裕，帶來正向能量。促使人們相信，人生之路一定會朝著光明邁進！ 東伏見稻荷神社創建於昭和4年（西元1929年），供奉的神祇是從京都伏見稻荷大社恭迎而來，同時是京都伏見稻荷大社在關東、東海地區的唯一分社。除此之外，神社名稱更被冠上「東」字，成了當地地名「東伏見」的由來。

祭祀神祇
宇迦御魂大神、佐田彥大神、大宮能賣大神

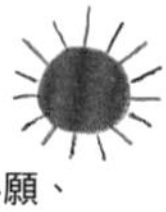

祈願項目
開運解厄、生意興隆、實現心願、闔家平安等

Information
東京都西東京市東伏見1-5-38
☎ 042-461-1125
🚆 搭乘西武新宿線，從「西武柳澤」站或「東伏見」站步行約7分鐘

祈求財福雙全的最佳參拜路線

「澀谷區、港區」

對於想要財福雙全的讀者，
歡迎造訪能帶來財富運勢的靈驗神社。
希望仕途順遂，開啟財富之路的讀者，
以及夢想能中樂透，一夜致富之人可不能錯過本章節！

【祈願項目】

祈求財福雙全的最佳參拜路線

澀谷區、港區

想要年收增加、更多臨時收入進帳、中樂透彩券的讀者全部照過來！

富含年輕文化及商業氣息的東京多元風貌

此路線是從流行及年輕文化發源地的澀谷區出發，步行至商務重鎮的港區。透過這條參拜路線，讀者將能充分感受到東京的多元風貌。

參拜首站會先來到從小田急線的代代木八幡車站出發，步行僅需5分鐘的代代木八幡宮。從此處雖然也可步行至距離代代木公園或明治神宮最近的原宿車站及澀谷，但若想節省時間，建議可改搭乘巴士。建於地面下的東急澀谷車站位處JR

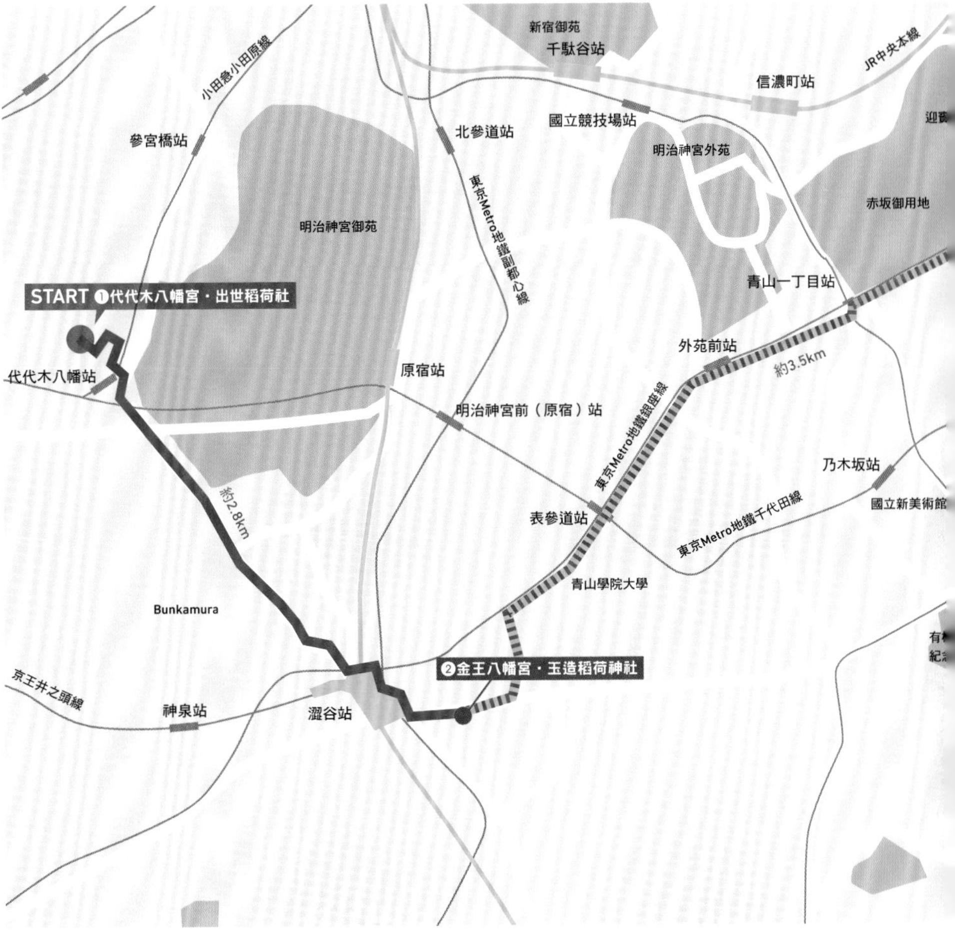

澀谷車站東側，讀者更可利用聯絡通道，直達能夠體驗流行並享受美食的澀谷新地標「澀谷Hikarie」。從澀谷Hikarie出發，沿明治通朝惠比壽方向走去，不久便可來到靜佇於北方高地的金王八幡宮。出地鐵銀座線赤坂見附車站後，步行片刻即可抵達豐川稻荷東京別院。從這裡穿越赤坂不夜城的一木通，將來到以TBS電視台為中心的複合式娛樂設施「赤坂Sacas」。朝著十番稻荷神社走去，沿途還能感受到麻布十番那令人懷念的舊城風情。最後則是以坐落於商業區中心的芝大神宮作為終點站。

福澤諭吉長眠的善福寺同時也是美國首任駐日使館遺址

擁千年歷史的古剎境內除有幕府末期至明治維新間的美國駐日使館住居遺址外，更佇立福澤諭吉*1的墓碑，及越路吹雪*2等名人紀念碑。

*1：日本近代思想家，其肖像更被印在一萬日圓紙鈔上

*2：日本昭和時代的知名歌手

想要求個仕途順遂及功成名就，這兒的靈驗度可是東京都內No.1！

代代木八幡宮·出世稻荷社

P23 MAP-❶

在日本流傳著若藝人住在代代木八幡宮附近，那麼必能大紅大紫的傳說，雖這充其量不過就是個都市怪談，但卻也吸引了許多追星族及女性前來參拜。而位於代代木八幡宮境內一隅的出世稻荷社，更是眾多參拜者的共同目的地。無論是想出人頭地，或者希望事業運或財運變旺的讀者，這兒所供奉的神祇據說可是東京都內出了名的靈驗。

在祈求完事業運及財運後，不妨享受一下鎮守森林那充滿林意的大自然洗禮。代代木八幡宮坐落於澀谷區海拔高度32公尺的高地，此處更是澀谷相當珍貴的自然樹林區。建曆2年（西元1212年），從鶴岡八幡宮恭迎分尊並創建本宮，在解厄開運、祈求生意興隆、姻緣、順產、育兒上頗為靈驗，因而深獲敬仰。

御朱印

祭祀神祇

出世稻荷大明神

祈願項目

出人頭地、事業運、財運、成功勝利、解厄開運等

Information

東京都渋谷区代代木5-1-1

☎ 03-3466-2012

🚉 搭乘小田急小田原線，從「代代木八幡」站步行約5分鐘

向一路庇佑澀谷發展的財運&生意之神祈願！

金王八幡宮・玉造稻荷神社

P23 MAP-2

位於金王八幡宮境內的玉造稻荷神社自古便以財運&生意之神著稱，金王八幡宮更被譽為「澀谷發祥地」。敬請各位誠心祭拜本殿的八幡神，為自己的成功勝利帶來滿滿能量。

中世紀望族的澀谷氏落腳此處後，將八幡神視為族人的守護神供奉，這也成了地名「澀谷」的由來。金王八幡宮至今仍被視為當地的總守護神，一路庇佑著澀谷發展。

江戶時代，德川幕府第三代將軍，德川家光的奶娘，春日局在此祈願後，便讓家光（乳名：竹千代）順利成為將軍。在家光功成名就之際，捐建了社殿及大門一事更是家喻戶曉，也因為此典故，讓金王八幡宮以祈求功成名就聞名。八幡神帶來勝利的能量，再加上玉造稻荷神的財運神力，讓讀者們的運勢全開。

御朱印

祭祀神祇

應神天皇（金王八幡宮）／宇賀御魂命（玉造稻荷神社）

祈願項目

功成名就、求子等／財運、生意興隆、五穀豐收、守護各行業

Information

東京都渋谷区渋谷3-5-12

☎ 03-3407-1811

🚍 搭乘JR山手線等，從「澀谷」站步行約8分鐘

象徵財富的尊天神為各位帶進金銀財寶！

融通稻荷・豐川稻荷東京別院

P22 MAP-3

日語「融通」的意思為「順利通過，不停留」。在形容金錢時，意指「金流穩定」。「融通稻荷」如同文字之意，此處不僅供奉著能加強財運的「融通稻荷尊天」，更是東京都內讓財運變旺的必拜寺院，建議讀者們在巡禮神社的過程中親身前往。境內佇立著眾多稻荷旗幟，充滿強大的祈願能量，象徵財富的尊天神據說能帶來金銀財寶。

豐川稻荷是供奉荼枳尼真天的佛教體系稻荷神社，豐川稻荷的起源為江戶知名奉行（日本古代的一種官職），大岡越前守忠相將其視為守護神，並供奉於宅邸內。境內更有祭祀大岡忠相的寺廟，據說能為事業運大大加分。

參拜者可自由攜回 10 日圓的融通金，當願望成真時，需再添些利息回捐給寺院

祭祀神祇
南無如意寶生尊天
（俗稱：融通稻荷尊天）

祈願項目
財運、生意興隆、心想事成等

Information
東京都港区元赤坂1-4-7
☎ 03-3408-3414
🚇 搭乘東京Metro地鐵銀座線等，從「赤坂見附」站步行約5分鐘

豐饒之神為財運給力！更讓女性有機會「嫁入豪門」

芝大神宮

P22 MAP-5

芝大神宮供奉有天照大御神及豐受大神等神祇。豐受大神不僅是帶來豐饒的守護神，更主宰著能讓生意興隆的財運，同時也是闔家平安、開運解厄之神。由於神宮位處港區，因此深受附近上班族的尊崇，有黑白兩色的「商守」御守更是人氣十足。白商守有「得分、完勝」之意，黑商守則意指「黑生地（黑色布料）」，取諧音「黑字」，能為事業上的財運帶來加分效果。此外，據說將芝大神宮的另一項幸運物「千木箱」置於衣櫥中，便能「增加和服數量」＝姻緣對象經濟實力雄厚，有能力購買和服（在古代，和服是高價品），象徵著能夠嫁入豪門，因此深受女性喜愛。無論男女，芝大神宮都能為信眾招來滿滿財運。

祭祀神祇
天照大御神、豐受大神

祈願項目
締結姻緣、生意興隆、開運、消災解厄、無病消災

Information
東京都港区芝大門1-12-7
☎ 03-3431-4802
搭乘都營大江戶線等，從「大門」站步行約1分鐘

將青蛙御守放入皮夾隨身攜帶，就能讓錢財快快回來！

十番稻荷神社

P22 MAP-4

十番稻荷神社位於麻布十番商店街附近，同時是港區七福神中，參拜「寶船」之處，因此也被信徒們暱稱「寶船神社（宝船のおやしろ）」。

神社佔地面積不大，面朝鳥居的左側有艘乘坐著七福神的寶船石雕，右側則有青蛙石像坐鎮，光是如此就讓人感覺相當吉利。

由於自古流傳著青蛙保護武士宅邸免於大火吞噬的傳說，使得佇立於此青蛙石像及十番稻荷神社販售的青蛙御守非常出名。由於日語的「青蛙（カエル）」與「返回（帰る）」、「回歸（返る）」同音，藉此希望旅人能夠平安歸來、出去的錢財能夠盡快回到口袋，這也讓青蛙成了好兆頭的代名詞，深受參拜者喜愛。

祭祀神祇
倉稲魂命、日本武尊、市杵島姫命、田心姫命、湍津姫命

祈願項目
開運招福、消除各種災難、生意興隆等

Information
東京都港区麻布十番1-4-6
☎ 03-3583-6250
搭乘都營大江戶線等，從「麻布十番」站步行約1分鐘

還有這些！

歡迎造訪附近其他神社！
祈求財福雙全神社一覽

【豐島區】

池袋御嶽神社

為你消除每天勞苦，招來福氣的「福來」神社

將池袋御嶽神社所處的池袋（いけぶくろ）地名取部分諧音的話，聽起來會像是「貓頭鷹（ふくろう）」的發音，在日文更有能夠消除勞苦，招來福份的含義，因此池袋御嶽神社便成了能讓人免去辛勞、生活充滿福份的神社。這裡同時能為信眾解決金錢方面煩惱，並開啟運勢。此外，有段神話是講述主祀的倭建命因為揮舞草薙劍，順利逃離火舌吞噬，也使得倭建命以幫助生意興隆、消除災難聞名。

祭祀神祇

倭建命、神武天皇、武甕槌命、保食神

祈願項目

消災招福、生意興隆、心想事成、學業進步等

Information

東京都豐島区池袋3-51-2

☎ 03-3971-8462

🚆 搭乘JR山手線等，從「池袋」站步行約13分鐘

【文京區】

太田神社、高木神社
牛天神北野神社境內社

貧窮之神搖身一變成為福神
為你的金錢運勢注入能量！！

本殿左側的太田神社供奉有「變成福神的貧窮之神」。此處在江戶時代雖然供奉著名為黑闇天女的貧窮之神，但據說因為黑闇天女解救了某位家境貧困的旗本*，進而從貧窮之神晉升為福神，並獲得信徒敬重。到了現代，更供奉有天鈿女命（藝能之神）及猿田彥命（道路之神）倆夫妻，據說在締結姻緣方面也相當靈驗。

祭祀神祇

天鈿女命、猿田彥命、宇迦御魂命

祈願項目

加強財運、生意興隆、技藝精進

Information

東京都文京区春日1-5-2

☎ 03-3812-1862

🚆 搭乘東京Metro地鐵丸之內線等，從「後樂園」站步行約10分鐘

*日本古代的一種武士身分

【中央區】

小網神社

在「洗錢井」將錢財洗淨，接收弁天神滿滿的帶財能量

被認定為「消災解厄最靈驗」的小網神社還能提升財運、強化運勢，為你化解厄運。據說將錢財放入境內的「洗錢井」洗淨後便能招財，因此又被暱稱為「東京錢洗弁天」。此外，在二次世界大戰期間，身懷神社御守前進戰場的當地居民們不僅全員平安歸來，社殿也在戰事中得以倖存未被轟炸，皆讓參拜者無不深信小網神社非常靈驗。

祭祀神祇

倉稻魂神、市杵島姫命（弁財天）、福祿壽

祈願項目

加強運勢、化解厄運、加強財運、生意興隆

Information

東京都中央区日本橋小網町16-23

☎ 03-3668-1080

🚆 搭乘東京Metro地鐵日比谷線等，從「人形町」站步行約5分鐘

【品川區】

阿那稲荷神社、品川神社境內社

用「一粒萬倍之泉」清洗印鑑及錢幣，讓你財運滾滾而來！

品川神社本殿右側深處設有阿那稲荷神社的上社（祭拜著天賜福惠靈（天の恵みの））），隨著階梯往下走去，則可看到「一粒萬倍 阿那稲荷神社」及掛有匾額的下社（拜著地賜福惠靈（地の恵みの））。據説以境內神水「一粒萬倍之泉」清洗或淋在印鑑及錢幣上，將能幫助生意興隆、家業興旺、財運亨通。

祭祀神祇

宇賀之賣命

祈願項目

生意興隆、闔家平安

Information

東京都品川区北品川3-7-15

☎ 03-3474-5575

🚆 搭乘京急本線，從「新馬場」站北口步行約1分鐘

【神奈川縣】

錢洗弁天 宇賀福神社

過神水後就能變福錢！讓你口袋加深。

宇賀福神社有個特別的傳説，據説以境內洞窟湧出的「洗錢水」清洗錢幣，就能變成福錢，甚至可讓人用之不竭，為參拜者的財運加分。這也使得各地祈求財運的善男信女紛慕名而來，宇賀福神社在鎌倉更被暱稱為「錢洗弁天」。前往參拜時，將錢財放入神社提供的竹簍中，並以神水洗錢祈願，不僅能提升財運，若謹慎盡快地將福錢用去，據説帶來的效果會更顯著。

祭祀神祇

市杵島姫命、宇賀神（弁財天）

祈願項目

財運、招福

Information

神奈川県鎌倉市佐助2-25-16

☎ 0467-25-1081

🚆 搭乘JR橫須賀線等，從「鎌倉」站步行約20分鐘

【中央區】

福德神社

想要一夜致富，來這兒準沒錯！讓祈求中獎之人趨之若鶩的人氣神社！

福德神社是江戶時代少數經核准銷售彩券的神社，這也使得前來祈求一夜致富的信徒之多，可說是以中獎運著稱的神社。福德神社有個「芽吹稻荷」的別名，據說德川幕府第二代將軍，德川秀忠在前來參拜時，發現以椽木製成的鳥居竟然長出了新芽，因而賜予其名。被認為能對新企劃案帶來成功好兆頭的「萌芽」能量將能為財運及事業運加分。

祭祀神祇

倉道魂命

祈願項目

財運、事業運、勝利運、中獎運

Information

東京都中央区日本橋室町2-4-14

☎ 03-3276-3550

搭乘東京Metro地鐵銀座線，從「三越前」站步行約3分鐘

【神奈川縣】

江島神社

想要招財，當然就要拜靈驗度No.1的弁天神！

江島弁財天為日本三大弁天之一，自古便被視為福德財寶之神，深受信眾尊崇。在江戶時代，江島弁財天因為擁有強大的招福致富神力，受到相當敬重，庶民百姓們更是虔誠參拜至今。供奉於境內中津宮，同時是宗像女三神之一的市杵島姬命在神佛習合之際，與弁財天更被視為同一尊美麗之神，不僅能夠加強財運，更是女性的美麗守護神。

祭祀神祇

多紀理比賣命、市杵島比賣命、田寸津比賣命、弁財天

祈願項目

財福雙全、生意興隆、才藝精進、祈求戀情

Information

神奈川県藤沢市江の島2-3-8

☎ 0466-22-4020

搭乘小田急江之島線，從「片瀨江之島」站步行約17分鐘

【文京區】

滿足稻荷神社

誠心參拜，能讓你的財運如同其名非常「滿足」！

滿足稻荷神社名稱的由來，是豐臣秀吉從京都的伏見稻荷大社恭迎神祇至此地時，對於能夠如此幸運順利，表達了「滿足」之意，源由可說相當吉利。民眾認為，在前往參拜後，能讓人對財運感到「滿足」，進而成了當地居民不可或缺的信仰。滿足稻荷神社坐落於谷中銀座，以及知名推理小說家・江戶川亂步作品《D坂殺人事件》故事中的團子坂附近，因此在前往參拜之際，還能感受到舊城庶民的風情。

祭祀神祇

倉稻魂命

祈願項目

生意興隆、開運、化解厄運

Information

東京都文京区千駄木5-2-8

☎ 未提供

搭乘東京Metro地鐵千代田線，從「千駄木」站步行約5分鐘

祈求戀情的最佳參拜路線①

[千代田區、港區]

這裡為各位彙整了能讓戀愛運勢達到高峰的超靈驗神社！
想要有好對象的讀者，可不能錯過本章節中提到，能夠帶來良緣的神社。
想要邁入人生下一階段的讀者，在此推薦能增進結婚運勢的神社。
若想與心儀的另一半破鏡重圓，文中也提到了能為關係復合注入能量的神社。

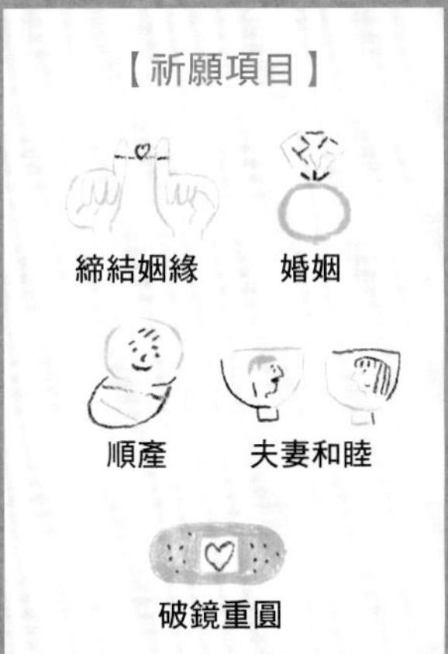

祈求戀情的最佳參拜路線 1

千代田區 港區

每間都是幫助你締結良緣的最強神社！

東京都內守護愛情的神社歷史竟如此悠久?!

目前在東京能為各位帶來戀情的諸神中，除了有最知名且最靈驗的東京大神宮外，還有自平安時代便守護著男女之愛至今，有著悠久歷史的芝大神宮，想要讓自己有段美好姻緣，可不能錯過本章節所介紹的參拜路線。

第一站會先來到離JR總武線飯田橋車站不遠的東京大神宮，接著走一段路，便可從春天賞櫻景點聞名的靖國神社出發，開始沿途散步前往千鳥淵。赤坂附近則是與江戶城極有淵源的日枝神社，以及與德川幕府第八代將軍，德川吉宗出生地的紀州藩關係深遠的赤坂冰川神社，所到之處無不飄散著江戶氣息。

若從距離行政區及美國大使館相當近的虎之門出發，朝六本木方向前進，便可前往供奉有日本最靈驗姻緣之神的出雲大社東京分祠，穿越此處後，大約步行個5分鐘，就能夠抵達六本木新城（Roppongi Hills）。

若是喜歡歷史參觀路線的讀者，我建議可拉大活動範圍，順道前往與赤坂冰川神社一樣，和德川家族有著極深淵源的增上寺。由於此路線含括東京鬧區，各位不妨在參拜結束後，安排個輕鬆的購物行程。

喜愛歷史之人也能同時前往與德川家淵源極深的菩提寺增上寺

德川家康興建了大伽藍（寺院），並視為德川家菩提寺的淨土宗大本山增上寺中，供奉著家康相當信仰的黑不動，寺內更設有德川將軍家墓所（需付費）。

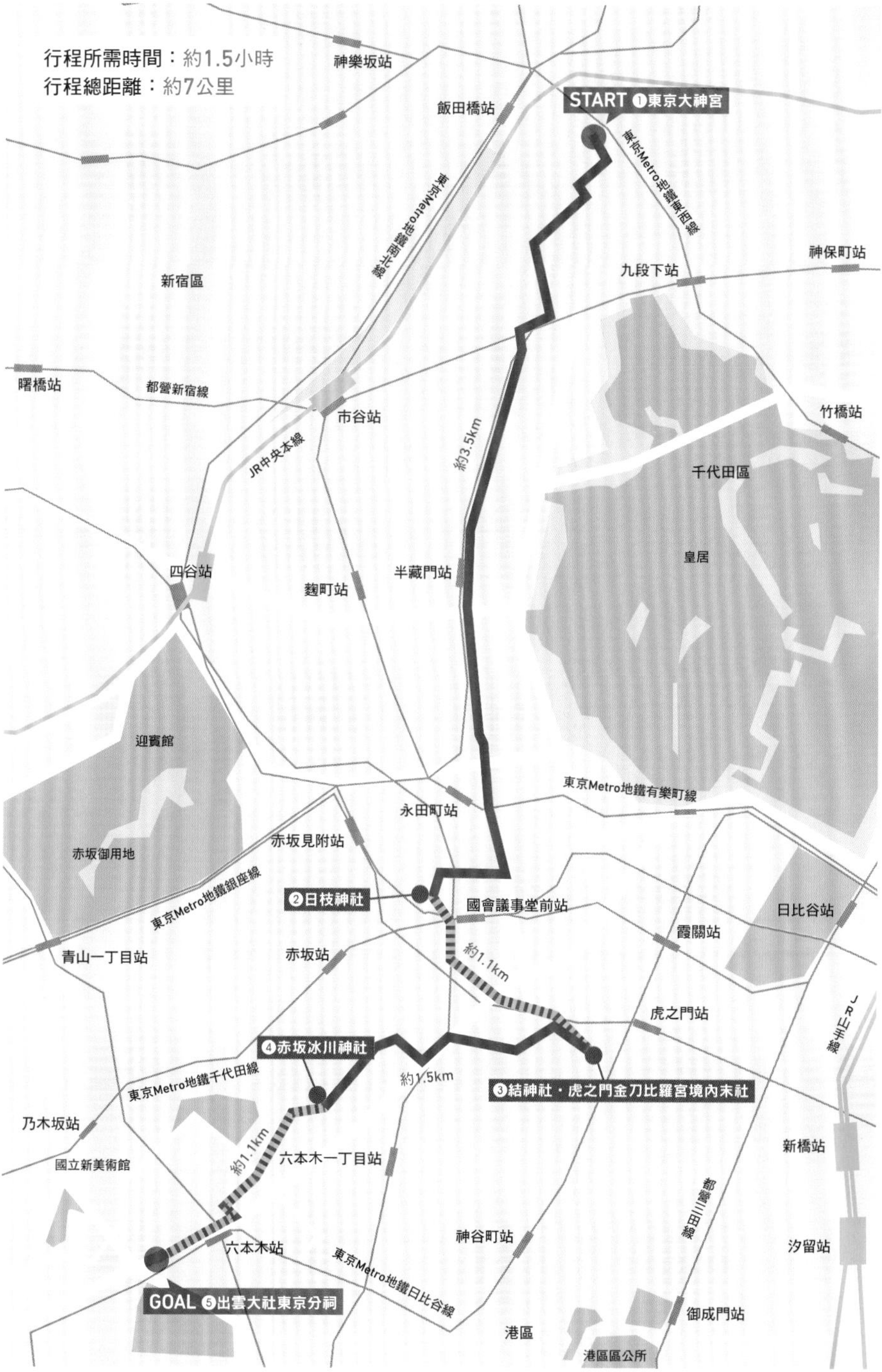
行程所需時間：約1.5小時
行程總距離：約7公里
START ❶東京大神宮
❷日枝神社
❸結神社・虎之門金刀比羅宮境內末社
❹赤坂冰川神社
GOAL ❺出雲大社東京分祠
約3.5km
約1.1km
約1.5km
約1.1km
神樂坂站
飯田橋站
東京Metro地鐵南北線
東京Metro地鐵東西線
九段下站
神保町站
新宿區
曙橋站
都營新宿線
市谷站
JR中央本線
竹橋站
千代田區
皇居
四谷站
麴町站
半藏門站
迎賓館
赤坂御用地
東京Metro地鐵有樂町線
永田町站
赤坂見附站
東京Metro地鐵銀座線
國會議事堂前站
日比谷站
青山一丁目站
赤坂站
霞關站
虎之門站
JR山手線
東京Metro地鐵千代田線
乃木坂站
國立新美術館
六本木一丁目站
新橋站
都營三田線
神谷町站
汐留站
六本木站
東京Metro地鐵日比谷線
港區
御成門站
港區區公所

在神祇面前結婚的創始神社！鈴蘭御守能賜予美好姻緣。

東京大神宮

P33 MAP-1

東京大神宮同時也被稱為「東京的伊勢神宮」，以締結姻緣聞名，參拜者多為女性，其中又特別受年輕女性歡迎。

此處供奉的神祇法力強大，能庇佑信眾闔家平安、解厄開運，在各方面發揮神力，其中更以締結姻緣的能量最為強大。當各位遇到好對象時，接著就會許下「想結婚！」的心願，而東京大神宮同時也是日本在神祇面前舉辦結婚儀式的創始神社，這對祈求美好姻緣之人而言，更是不可錯過的參拜景點。

此外，東京大神宮售有「姻緣幸福小槌」、「祈求戀情御守」、「幸福御神矢」等眾多吉祥飾物。其中，外型可愛的「姻緣鈴蘭御守」更是相當有人氣。據說這裡的「戀愛籤詩」也非常神準。

御朱印

祭祀神祇

天照皇大神、豐受大神、天之御中主神、高御產巢日神、神產巢日神、倭比賣命

祈願項目

締結姻緣、闔家平安、生意興隆、解厄開運、學業進步、心想事成等

Information

東京都千代田区富士見2-4-1

☎ 03-3262-3566

搭乘JR總武線等，從「飯田橋」站步行約5分鐘

化解戀情「阻力」，請「神猴」賜予滿滿的戀愛能量！

日枝神社

P33 MAP-❷

日枝神社主祀大山咋神，祂與化身紅箭（丹塗矢）的玉依姬命結婚更為世人所熟知，是能助人締結姻緣、婚姻美滿，以及求子順利的神祇。

置於神門及本殿屋簷下方的「神猴」夫妻石像則是神祇的使者。神猴的日文為「まさる」，因此自古以來就被認為能夠驅除邪氣（魔が去る＝まさる）。這也讓日枝神社除了以驅魔解厄聞名外，更庇佑產婦多子嗣且每次都能輕鬆生產、父母親能給予孩子滿滿的愛，是生產及養育孩子之路上的守護神。

日枝神社不僅鎮守著江戶城，身為江戶地區的總氏神（同一地區居民共同祭祀的最高神祇），更深受德川家族的崇敬。即便到了今日，人們還是以「山王大人」敬稱，讓信眾締結姻緣、平安順產。

御朱印

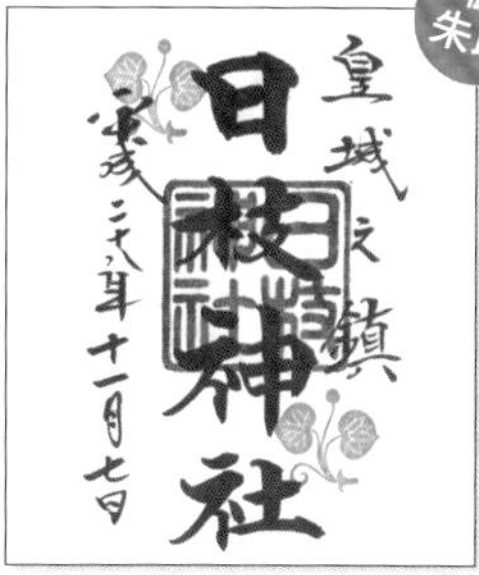

祭祀神祇

大山咋神、國常立神、伊弉冉神、足仲彥尊

祈願項目

化解厄運、締結姻緣、夫妻和睦、順產、求子、生意興隆、社運昌隆等

Information

東京都千代田区永田町2-10-5

☎ 03-3581-2471

搭乘東京Metro地鐵丸之內線等，從「赤坂見附」站步行約5分鐘

絕對不能錯過每月求姻緣的「良緣祈願祭」！

赤坂冰川神社

P33 MAP-4

赤坂冰川神社供奉的三尊神祇分別存在夫妻及親子關係。主祭祀神為素盞嗚尊，以及素盞嗚尊在擊退怪物八岐大蛇後救出的奇稻田姬命。其後，素盞嗚尊與奇稻田姬命結為連理，並一同被世人供奉，因此倆神也被視為能加強姻緣運勢之神。此外，大己貴命更是素盞嗚尊與奇稻田姬命之子。赤坂冰川神社供奉的這三尊神祇掌管著所有緣分，因此被認為能為好姻緣帶來極大能量。

每月舉辦一次的「良緣祈願祭」更是相當莊嚴的締結姻緣儀式，參加者們將可拿到一把名為「四合御櫛」的梳子。據說素盞嗚尊在擊退怪物時，就是將這把四合御櫛插在奇稻田姬命頭髮上，使其化身為梳子。此外，儀式後更會發放裝有蓼藍（蓼藍日文「藍」的發音為「あい」，同「愛」字）種子的御守給參加者。

御朱印

祭祀神祇

素盞嗚尊、奇稻田姬命、大己貴命（大國主命）

祈願項目

化解厄運、祈求良緣及戀情、夫妻和睦，求子、闔家平安、生意興隆等

Information

東京都港区赤坂6-10-12

☎ 03-3583-1935

搭乘東京Metro地鐵千代田線，從「赤坂」站步行約8分鐘

在東京六本木就能接收到日本最強大的姻緣能量

出雲大社東京分祠

P33 MAP-5

出雲大社東京分祠如同其名，就是以締結姻緣聞名的「出雲大社」東京分社。位於東京都市區的絕佳參拜地點，讓出雲大社東京分祠相當受到歡迎。

此處供奉的大國主大神以「字結姻緣」聞名，更主宰著與人類生活相關的各種緣分。這樣的姻緣能量也讓大國主大神本身多子多妻，成就出「豐饒之神」的形象。不僅發揮了締結良緣的神力，更能促進夫妻和睦。

出雲大社東京分祠所提供的「緣結守」御守除了能帶來幸福運勢外，將紅白配色的「結緣線」綁在衣服上，據說更能招來良緣。

祭祀神祇
大國主大神

祈願項目
締結姻緣、闔家平安、生意興隆、解厄開運

Information
東京都港区六本木7-18-5
☎ 03-3401-9301
🚉 搭乘東京Metro地鐵日比谷線等，從「六本木」站步行約1分鐘

女性限定！能實現各種願望的祈求良緣神社

結神社・虎之門金刀比羅宮境內末社

P33 MAP-3

此處自古以來便流傳著，女性若將自己的頭髮或摺紙綁在社殿的格子窗或周遭的樹木上並祈求良緣，便能讓願望成真。而結神社即是專門讓女性祈求良緣的知名神社。

結神社延續了悠久的傳統歷史，在祈願儀式上相當講究。想要祈求良緣的女性必須先於授予所購得「祈求良緣組」（800日圓），接著來到神祇面前，一邊誠心禱念好姻緣能夠附於紅色的「良緣祈求繩」上，一邊將紅繩綁於架子上，最後再度來到神前，以二拜、二拍手、一拜的方式再次誠心祈求。各位女性讀者不妨也將願望寄託於祈願繩之上，讓自己能擁有美好姻緣！

祭祀神祇
結大神

祈願項目
締結姻緣、祈求良緣

Information
東京都港区虎門1-2-7
☎ 03-3501-9355
🚉 搭乘東京Metro地鐵銀座線等，從「虎之門」站步行約1分鐘

幫人締結姻緣的神祇可是桃花朵朵開的美男子！

什麼?! 以「祈求戀情」聞名的大國主命竟坐擁6名妻子及181名孩子！

日本神話界公認最會搭訕的男神，其實也擁有非常正向的能量

大國主命被視為姻緣之神，其實最大的理由還是在於神話中，祂的美貌及熱情洋溢的桃花男形象。大國主命的男女關係同樣令人咋舌，光是已知的結婚對象就有6位，擁有的孩子更是多達181人。神話中雖然沒有詳述，但想必孩子們的母親絕對不止是這6位擁有婚姻關係的女性。然而，形象輕浮的大國主命又為何能成為豐饒及戀愛之神？

其理由當然還是大國主命象徵著「豐饒」及「多子多孫」。大國主命原本是位掌管國土（大地）的神祇，是能讓糧食充裕的豐饒之神。而在人們自古在祈求「豐饒」的同時，也會希望多子多孫，因此大國主命除了擁有這正向能量外，也被認為性格強烈且風流多情。

祈求戀情的最佳參拜路線②

【千代田區、文京區、四谷區】

正為情事煩惱的讀者，這週末何不前往充滿舊城氛圍的文京區，來段能打開心中鬱悶的漫遊之旅？

無論是祈求夫妻和睦，或是想結束戀情，這裡一定能找到為你解決煩惱的神社。

在與心儀對象順利交往後，此路線也非常適合納入約會行程中。

【祈願項目】

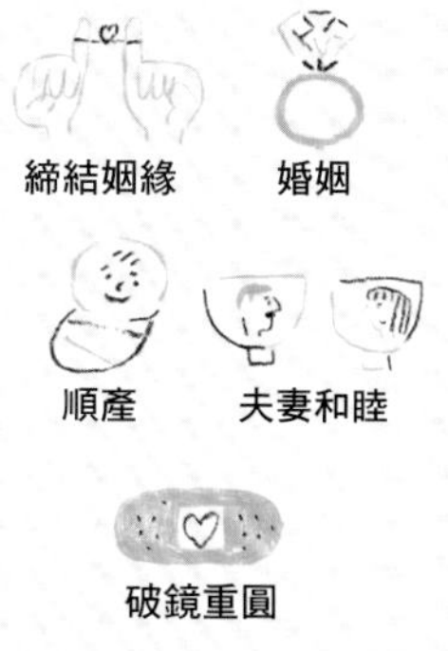

祈求戀情的最佳參拜路線 ②

千代田區、文京區、四谷區

邊漫遊舊城，邊求得戀情！

享受舊城風情的同時，讓自己成功「被人愛！」

本路線起點的根津神社，位於人稱「谷根千（谷中、根津、千駄木）」的漫步區內，濃厚的舊城風情吸引許多外國觀光客前來。除了有著古意濃厚的商店街及寺院林立的靜謐氣息外，德川幕府先烈長眠的谷中靈園、谷中銀座，以及上野公園等都是不可錯過的遊覽景點。這般充滿舊城懷舊風情的街道更是讓心願成真的最佳約會路線。

從根津神社朝駒込方向步行而去，便可抵達坐落在白山通上，與東洋大學為鄰的白山神社。接著再往湯島方向前進，可來到坐落於城鎮一隅，仍帶有庶民舊城情懷的妻戀神社。

神田神社則在妻戀神社不遠處，坐落於藏前橋通清水坂下十字路口後的高地上。從神田神社朝御茶之水方向前進，在跨越架於神田川之上的聖橋前，會先抵達設有孔子廟的湯島聖堂。

此路線的終點站會來到位於新宿區的四谷於岩稻荷田宮神社，附近另有新宿御苑、神宮外苑等知名觀光景點。

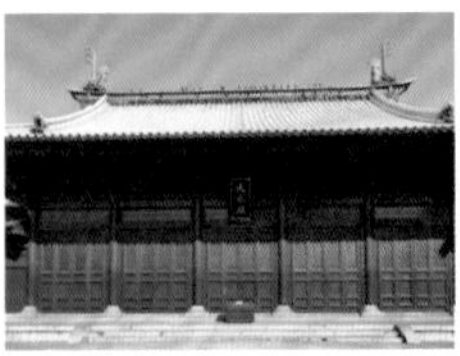

自江戶時代便是學術重鎮，供奉有孔子的湯島聖堂

湯島聖堂是德川幕府第五代將軍，德川綱吉為了振興儒學所建造的孔子廟，其後更開設了直屬幕府的昌平坂學問所「昌平黌」，是明治維新後的近代學術教育重鎮。

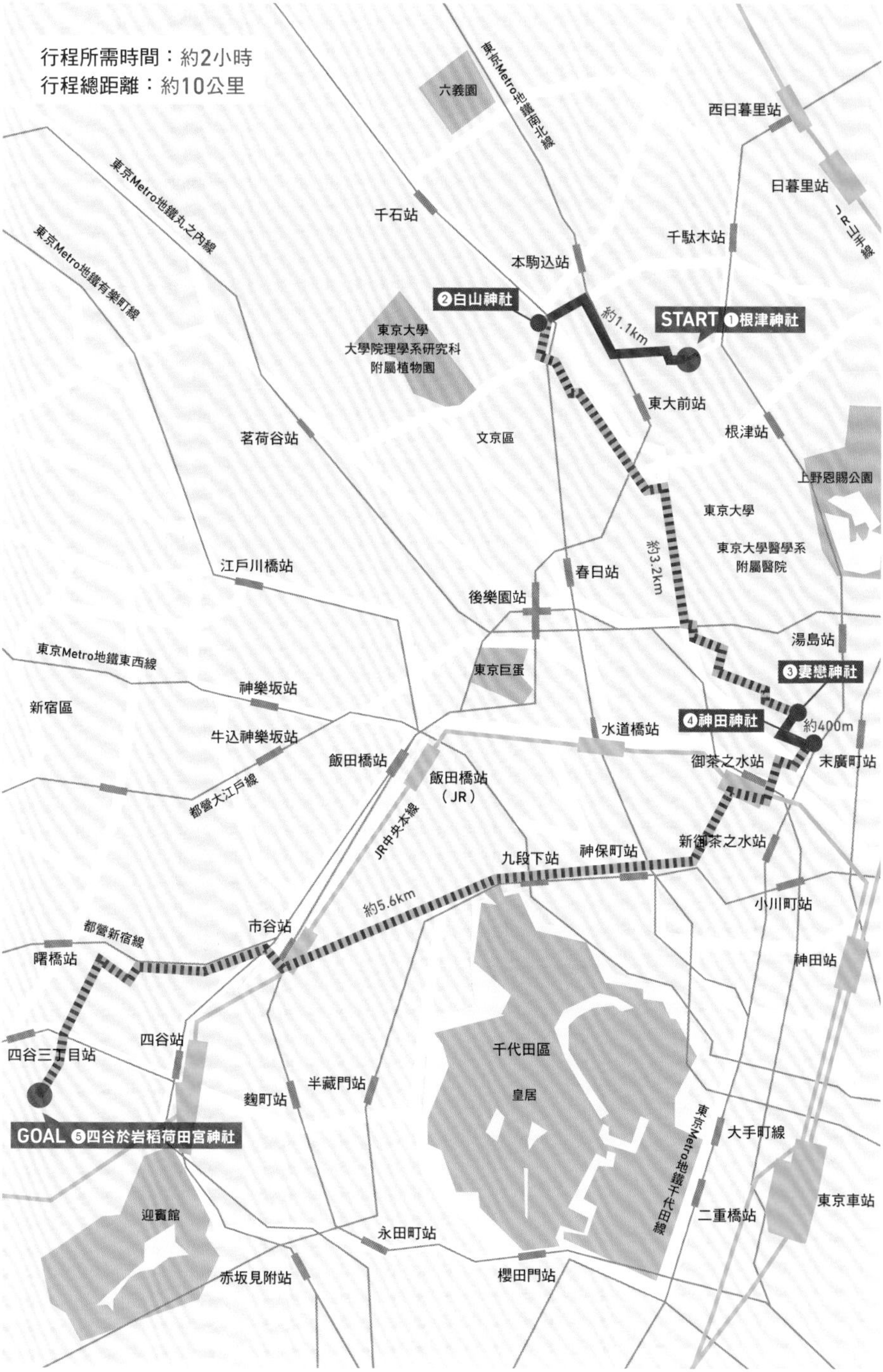
行程所需時間：約2小時
行程總距離：約10公里
START ❶根津神社
約1.1km
❷白山神社
約3.2km
❸妻戀神社
❹神田神社
約400m
約5.6km
GOAL ❺四谷於岩稻荷田宮神社
六義園
東京Metro地鐵南北線
西日暮里站
日暮里站
JR山手線
千石站
千駄木站
本駒込站
東京Metro地鐵丸之內線
東京Metro地鐵有樂町線
東京大學
大學院理學系研究科
附屬植物園
東大前站
根津站
上野恩賜公園
茗荷谷站
文京區
東京大學
東京大學醫學系
附屬醫院
江戶川橋站
春日站
後樂園站
湯島站
東京Metro地鐵東西線
東京巨蛋
神樂坂站
新宿區
水道橋站
牛込神樂坂站
飯田橋站
飯田橋站
（JR）
御茶之水站
末廣町站
都營大江戶線
JR中央本線
新御茶之水站
九段下站
神保町站
小川町站
市谷站
都營新宿線
曙橋站
神田站
四谷站
四谷三丁目站
千代田區
皇居
半藏門站
麴町站
東京Metro地鐵千代田線
大手町線
迎賓館
東京車站
二重橋站
永田町站
赤坂見附站
櫻田門站

為戀情帶來成功勝利的超強實力月老！

神田神社

P41 MAP-4

神田明神不僅是東京祈求戀情、締結良緣相當知名的神社，境內供奉的三尊神祇更是擁有強大神力。其中，吸引許多年輕女性前來祈願的，便是一之宮的大國主命（大己貴命）。

在日本眾多的神祇中，大己貴命締結姻緣、促進夫妻和睦的神力可是首屈一指。德川家康在關原之戰前於此祈求獲勝，最終成功取得統治權。這也讓神田明神自古便被認為是能帶來成功勝利的靈驗之神，而這份能量更為信眾的戀愛運勢加分。

此外，神田明神也被認為能促進生意興隆、社運昌隆。在大年初一當天，門前更是會聚集許多西裝筆挺的商務人士，據說光參拜就要排兩小時的隊伍，可說是新年一定會上演的盛況。

御朱印

祭祀神祇

大己貴命（大國主命）、少彥名命、平將門命

祈願項目

締結姻緣、夫婦和睦、生意興隆、社運昌隆、開運招福、消災解厄、成功勝利、金榜題名

Information

東京都千代田区外神田2-16-2

☎ 03-3254-0753

搭乘JR中央線等，從「御茶之水」站步行約5分鐘

在留有江戶風情的神社，祈求遇見好姻緣的運勢變旺

根津神社

P41 MAP-❶

據說西元1900年前，日本武尊東征時路過此地，並創建了這座古老神社。權現造建築風格的社殿、唐門及樓門所散發的雄偉華麗不僅留有江戶時代的風情，更經常被作為日本時代劇的取景地。

根津神社供奉有以締結姻緣著稱的須佐之男命及大己貴命兩位神祇，據說能為戀情、姻緣運勢加分。

拜殿前的神木為「許願榧樹」，據說神明差使的白蛇棲息於上，因此「當人們許願時，願望就會成真」。此外，在穿越樓門，通過左側的千本鳥居後，便可來到「乙女稻荷神社」。這座神社自古便守護著女性，是祈求良緣之人絕對不能錯過的神社。

御朱印

祭祀神祇

須佐之男命、大山咋命、譽田別命（應神天皇）、大國主命、菅原道真公

祈願項目

解厄開運、生意興隆、締結姻緣、消災、學業進步、金榜題名

Information

東京都文京区根津1-28-9

☎ 03-3822-0753

🚉 搭乘東京Metro地鐵千代田線，從「根津」站或「千駄木」站步行約5分鐘

撮合男女姻緣，綁緊彼此間那條紅線的女神！

白山神社

P41 MAP-❷

白山神社主祀菊理媛神，菊理的日文為「くくり」，與綑綁（括り）相同，因此被認為是能將疏遠心思拉回的「姻緣之神」。換言之，菊理媛神能以更正確、有效的方法引導參拜者，特別是在處理感情危機時，深受信眾敬仰。據說當戀人起爭執時，菊理媛神能將擾亂心思的繩子解開，讓雙方和好如初。

一同供奉於此的伊弉諾尊與伊弉冉尊更是日本神界首對夫妻之神及結婚之神，因此被認為是能促成幸福婚姻，讓夫妻和睦的神祇。這也讓菊理媛神及伊弉冉尊兩尊女神被視為女性守護神，相當受到信眾愛戴。

人稱「白山神」的白山神社另也被稱為「白山御殿」，由於與德川幕府第二代及第八代將軍的德川秀忠、德川綱吉淵源極深，因此相當受到敬崇。

梅雨時分登場的「繡球花季」會盛開三千株左右的繡球花，相當適合作為約會景點

祭祀神祇

菊理媛神、伊弉諾尊、伊弉冉尊

Information

東京都文京区白山5-31-26

☎ 未提供

🚇 搭乘都營三田線，從「白山」站步行約3分鐘

將身心奉上的純愛女神為兩人牽起戀情

妻戀神社

P41 MAP-❸

會有「妻戀」這般浪漫社名，據說是日本武尊在遠征歸途之際，非常想念妻子並發聲悲嘆而來。

神社會落腳此處，傳聞是當日本武尊東征時，此處已供奉著稻荷神（倉稻魂命）之故，其後更祭祀有日本武尊之妻的弟橘媛命。當心愛的丈夫要從三浦半島前進房總半島時，眼見海象惡劣，丈夫就快要落難之際，弟橘媛命選擇投身大海，平息海神的憤怒，為日本武尊犧牲，因此也被尊稱為「純愛之神」。能與心愛丈夫一同被供奉，這更讓弟橘媛命被尊崇為促成良緣、夫妻和睦的神祇。

祭祀神祇

倉稻魂命、日本武尊、弟橘媛命

祈願項目

締結姻緣、祈求戀情、夫妻和睦、事業運、開運招福

Information

東京都文京区湯島3-2-6

☎ 未提供

🚇 搭乘東京Metro地鐵千代田線，從「湯島」站步行約8分鐘

四谷怪談中的「阿岩」其實是夫妻和睦圓滿的表率！

四谷於岩稻荷田宮神社

P41 MAP-❺

「東海道四谷怪談」的主角阿岩在受到丈夫背叛，慘遭下毒含恨而終後，展開復仇行動的「冤魂女」形象想必深植各位讀者心中，但那其實是在主角「田宮岩」死後經過兩百年左右，改編成歌舞伎之後被賦予的形象，充其量不過是鶴屋南北（古代知名歌舞伎作者及演員）所創造出來的人物。真實世界的阿岩不僅勤勞，更是認真經營夫妻關係，努力扮演武士之妻的美麗女性。

據說因為阿岩虔誠信奉宅邸的稻荷社，讓原本貧困的生活得以改善，這樣的阿岩更被後人視為能夠招來財富及幸福的福神，並與稻荷神一同合祀，成了四谷於岩稻荷田宮神社的起源。來自日本各地，締結姻緣及化解厄運的參拜者為數眾多。

祭祀神祇

豐受比賣命（豐受大神=稻荷神）、田宮於岩命

祈願項目

祈求良緣、闔家平安、開運、平安順遂、生意興隆、化解厄運等

Information

東京都新宿区左門町17

☎ 未提供

🚇 搭乘東京Metro地鐵丸之內線，從「四谷三丁目」站步行約5分鐘

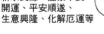

還有這些！

歡迎造訪附近其他神社！祈求戀情神社一覽

【杉並區】

大宮八幡宮

強化家人關係的神祇也能為感情事給力！

大宮八幡宮供奉的三尊神祇為親子關係，彼此間的羈絆被認為在締結姻緣、順產及育子上相當靈驗。境內名為「共生之木」的神木為（日本）榧樹，樹上更共生有一種名為布氏稠李的植物，因此被認為非常有助於夫妻和睦。此外，大宮八幡宮更流傳有若在境內遇到「爺爺小妖精」，就能得到幸運的都市怪談，據說這都是因為大宮八幡宮有著促成戀情以及實現幸福人生的強大能量。

祭祀神祇
應神天皇、仲哀天皇、神功皇后

祈願項目
化解厄運、開運、締結姻緣、順產、育子順利

Information
東京都杉並区大宮2-3-1
☎ 03-3311-0105
搭乘京王井之頭線，從「西永福」站步行約7分鐘

【台東區】

久米平內堂

專門斬首罪人的劍術家搖身成為締結姻緣之神！

久米平內堂供奉的劍術家久米平內除了是位劍術名人外，更是負責斬首罪人的劊子手，據說近千人死於其劍下。久米平內在臨終前，為了能消除一生所累績的罪孽，便雕刻了自己的石像，置於淺草寺仁王門前，並留下希望許多人踐踏的遺言。而日文的踐踏（踏み付け）音同「文付け」，帶有情書的意思，後人更於淺草寺境內建立祠堂，供奉平內的石像，讓久米平內成了能夠締結姻緣之神，受到相當尊崇。

祭祀神祇
久米平內

祈願項目
締結姻緣

Information
東京都台東区浅草2-3-1
☎ 03-3842-0181（淺草寺）
搭乘東京Metro地鐵銀座線等，從「淺草」站步行約5分鐘

【足立區】

千住神社

在兩間神社合併祭祀後，為信眾的婚姻加油！

「千歲」就能得「壽」。千住（住與壽的日文發音同為「じゅ」）神社的名稱正因有其涵義，讓這間擁有1100年歷史的古老神社以締結姻緣、加強婚姻運勢聞名。千住神社是將原本位於此地的兩間神社合而為一，讓信眾們十分相信，這裡的神祇能撮合男女姻緣。此外，本殿前方的狛犬（江戶末期作品）呵護著小狛犬，為相當難得一見的狛犬石雕，因此千住神社也被認為能夠庇佑闔家平安、喜獲子嗣。

祭祀神祇

宇迦之御魂神（稻荷神）、須佐之男命

祈願項目

締結姻緣、生意興隆、化解厄運、開運、成功勝利、闔家平安、求子

Information

東京都足立区千住宮元町24-1

☎ 03-3881-1768

🚉 搭乘JR常磐線等，從「北千住」站步行約15分鐘

【中央區】

高尾稻荷神社

能夠解決女性戀愛煩惱的「美人神社」！

高尾稻荷神社供奉著江戶紅燈區的吉原裡，名聲最響亮的遊女高尾太夫（第二代）。據說她不僅長相端莊美麗，精通和歌*1、俳諧*2、書藝更讓高尾太夫被譽為才女。直到最近她的美貌傳說甚至讓高尾稻荷神社被稱為「美人神社」。

神社原本是以實際的頭蓋骨作為供奉對象，讓信眾與頭部相關的疾病得以痊癒，但最近卻成了相當有人氣的求姻緣景點。

祭祀神祇

高尾大明神（高尾太夫）

祈願項目

締結姻緣、解決毛髮問題、舒緩頭痛及心臟疾病

Information

東京都中央区日本橋箱崎町10-7

☎ 未提供

🚉 搭乘東京Metro地鐵半藏門線，從「水天宮前」站步行約9分鐘

*1：日本一種詞歌形式

*2：日本一種文學形式

【神奈川縣】

箱根神社

如此幸福滿分的神祇，要信眾們不信也難！

此處所供奉的箱根大神其實是瓊瓊杵尊、木花開耶姬命及彥火火出見尊，三尊親子神祇的總稱。瓊瓊杵尊與木花開耶姬命在相遇後結為連理，生下了彥火火出見尊。彥火火出見尊不僅是『海幸山幸神話』中的主角──山幸彥，祂更與海神之女，豐玉比賣命結婚，可說是擁有美滿姻緣的神祇。自古更深受源賴朝、北條氏及德川家康等歷史知名人物的尊崇。

祭祀神祇

瓊瓊杵尊、木花開耶姬命、彥火火出見尊

祈願項目

締結姻緣、開運解厄、心想事成、維持勝利運勢、交通安全、順產、生意興隆

Information

神奈川県足柄下郡箱根町元箱根80-1

☎ 0460-83-7123

🚉 搭乘小田急線，在「箱根湯本」站轉乘伊豆箱根巴士，於「元箱根」下車後，步行約10分鐘

【千葉縣】

愛染神社

人稱「結緣大社」，讓你成功締結姻緣！

愛染神社一般被直接稱為「結緣大社」，除了深受千葉縣本地民眾尊崇外，更有許多來自關東近郊的參拜者，祈求良緣、戀情與婚姻。主祀的愛染明王神因左手握弓、右手持箭，面帶憤怒的紅色臉龐讓人敬畏，但祂其實是位守護人們幸福的溫柔神祇。若繞巡境內，參拜能帶來好姻緣的眾神們，想必將讓各位的姻緣運勢大大加分。

祭祀神祇
愛染明王神

祈願項目
結良緣、斬孽緣、祈求戀情、夫妻和睦、家庭美滿

Information
千葉県東金市山田1210妙泉寺內
☎ 0475-55-8588
搭乘JR總武本線，在「千葉」站轉乘巴士，於「曲之手」下車後，步行約3分鐘

【千葉縣】

玉前神社

海神之女為你帶來良緣及實現順產心願！

玉前神社供奉著海神之女——玉依姬命，祂同時也是豐玉姬命的妹妹。據説玉依姬命主宰著人的精神狀態，特別是姻緣、求子、生產、育子、月事等，是能對女性身心表現上帶來神秘力量的神祇。這也讓玉前神社同時能夠祈求良緣及生產順利，成為療癒身心、恢復精力的能量景點（power spot）。據説飲用神社境內的神水將可得到能量，為自己的運勢加分。

祭祀神祇
玉依姬命

祈願項目
締結姻緣、順產、求子、開運、生意興隆

Information
千葉県長生郡一宮町一宮3048
☎ 0475-42-2711
搭乘JR外房線，從「上總一之宮」站步行約7分鐘

【埼玉縣】

川越冰川神社

祈求加持製成的「姻緣石」，很受歡迎！

川越冰川神社所供奉的，堪稱是擁有超強締結姻緣神力，主宰著家庭美滿及愛子之情的神祇。神職人員更會撿取境內石頭，祈求加持並製成「姻緣石」吉祥物。據説將姻緣石帶回家後，就能得到好姻緣，因此相當炙手可熱。每月分別於八日及第四個星期六的上午八點八分所舉辦的兩次良緣祈願祭更有遠自東北或沖繩前來參拜的信眾。

祭祀神祇
素盞嗚尊、奇稻田姬命、大己貴命，以及其他兩尊神祇

祈願項目
締結姻緣、順產、求子、開運、生意興隆等

Information
埼玉県川越市宮下町2-11-3
☎ 049-224-0589
搭乘JR川越線等，在「川越」站轉乘東武巴士，於「喜多町」下車後，步行約5分鐘

【狛江市】

伊豆美神社

坐落於休憩綠林之中，能療癒心靈的姻緣神社

伊豆美神社自古便是讓人心靈能獲得依靠的姻緣神社。主祀的大國主命不僅是供奉在出雲大社的姻緣之神，對祈求擁有戀情的信眾更能帶來強大能量。神社境內除了有關東地區最古老的石造鳥居外，位於參道右側的神木「結緣灘之木（結びのナダの木）」據說能驅魔保平安，因此更被珍視為守護成長、消災解厄的象徵。

祭祀神祇

大國主命、小野大神、小河大神、永川大神等

祈願項目

締結姻緣、生意興隆、疾病痊癒

Information

東京都狛江市中和泉3-21-8

☎ 03-3489-8105

🚆 搭乘小田急小田原線，從「狛江」站步行約10分鐘

【神奈川縣】

葛原岡神社

蘊藏有七福神之一．大黑天神力的結緣之石

葛原岡神社供奉的日野俊基卿是活躍於鎌倉幕府倒幕時，後醍醐天皇的忠臣，更被尊崇為開運之神、學問之神信奉。境內的大黑天神力更讓葛原岡神社近期被奉為「鎌倉的締結姻緣神社」，可說聲名遠播。大黑天為七福神之一，不僅是守護財福之神，更是締結姻緣及求子的守護神。而祂的神力據說蘊藏在男石與女石這兩顆「結緣石」上，使其成為相當知名的祈願景點。

祭祀神祇

日野俊基卿、大黑天

祈願項目

締結姻緣、祈求戀情

Information

神奈川県鎌倉市梶原5-9-1

☎ 0467-45-9002

🚆 搭乘JR橫須賀線等，從「鎌倉」站沿「錢洗弁財天路線」步行約35分鐘

動物及真實人物也是供奉對象

為何神社有時候會供奉實際存在過的人物？

不只是人歸西後會成神，自然及工具也都能化身為神祇

將日本神祇大致區分的話，可分為①神話之神、②人物之神、③神佛習合之神。其中，神話之神更可細分為創造萬物之神（如知名的伊邪那岐命、伊邪那美命等）、自然之神（代表自然、氣象的太陽神——天照大神等），以及文化之神（火神的迦具土神等）。

人物之神則有菅原道真（天神）、德川家康、豐臣秀吉等，生前相當知名，生後被視為神祇奉祀的人物。此外，神佛習合之神是受到佛教傳入影響，神道與佛教合而為一所誕生的神祇。最知名的當然就是日本神話中，市杵島姫命與印度神祇弁才天合體後，成為七福神中的弁財天。

此外，弁財天所隸屬的七福神可說是神道、佛教與道教融合的群體。這些神祇除了擁有自身的基本性格外，在隨著被世人信仰的同時，日本神祇更被賦予特定能力。舉例來說，原本是礦業之神的金山彥命在轉變為鍛造之神後，更進化成刀具之神。

創造萬物之神

天照大神、須佐之男命（伊勢神宮）等

自然之神

將天地現象、動物或植物視為神祇

實際存在的人物

德川家康（日光東照宮）、菅原道真（太宰府天滿宮）等

擁有特殊能力、功能之神

守護特定職業的神祇，如金山彥神（南宮大社）等

其他神祇

與印度等外來神習合的神祇，如七福神

祈求功成名就的最佳參拜路線

「港區、新宿區」

想要事業成功、達到目標之人，想要遠遠甩開競爭對手之人，
在此介紹能讓你擁有滿滿的致勝運勢，
成功人士必拜的神社口袋名單！
眾神們的強大能量不僅能讓你功成名就，還能加強你的運動表現。

【祈願項目】

祈求功成名就的最佳參拜路線

讓你事業朝成功邁進的神祇們！

港區、新宿區

爬上「出人頭地石階」，為自己的成功運勢加分！

本路線將會以日本浮世繪畫家，歌川廣重作品「名所江戶百景」中提到的景點出發，朝擁有亞洲第一歡樂街——歌舞伎町的新宿前進。走出東京Metro地鐵日比谷線的神谷町車站不久後，便可來到坐鎮有愛宕神社，東京二十三區最高的愛宕山（海拔26公尺）。這裡不僅是江戶時代的觀景名勝，據說當時眼前就是東京灣，遠眺更可飽覽房總半島風光。此外，愛宕山還是日本廣

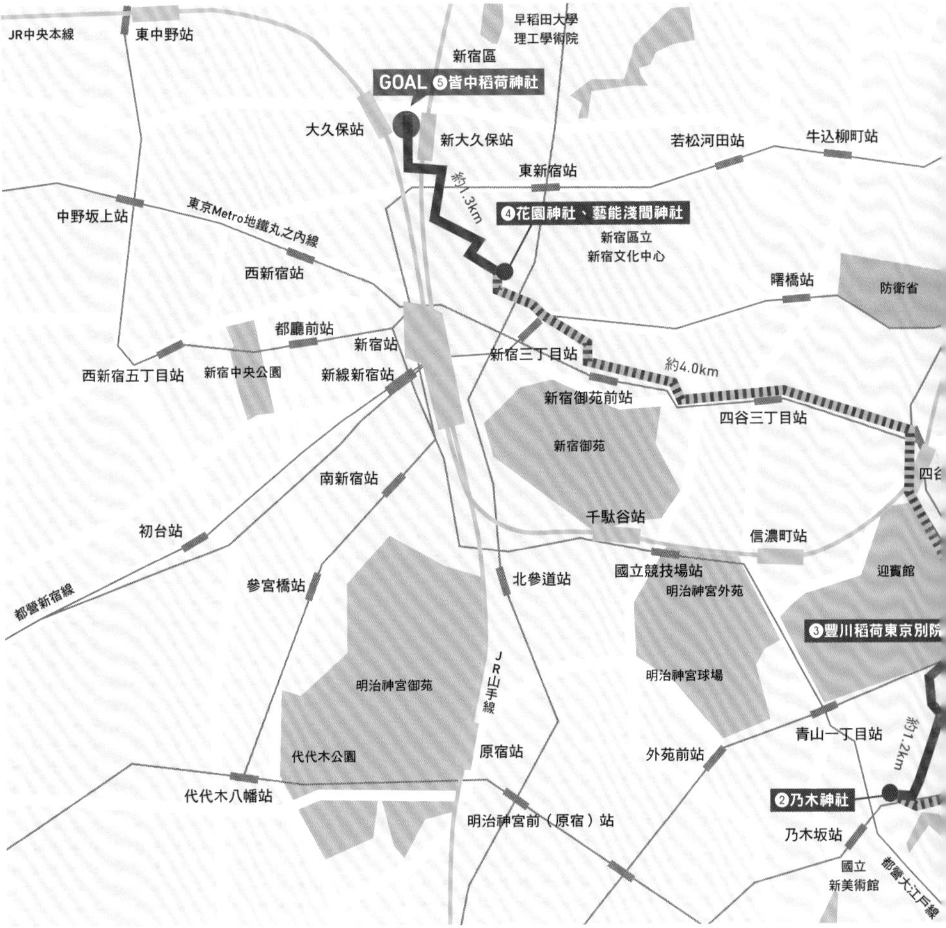

播的發祥地，目前此處設有NHK放送博物館，也是相當值得前往參觀。乃木神社附近則有三得利美術館所在的六本木東京中城（Tokyo Midtown）、國立新美術館等，飄溢著濃厚的藝文氣息。藝能淺間神社坐落花園神社境內，而花園神社則是比鄰歌舞伎町旁的飲酒街Golden Street。皆中稻荷神社更位處充滿摩天大樓的西新宿新都心附近。

日本軍事名將乃木希典的善終之地就在「乃木神社」旁

乃木神社主祀的乃木希典故居就比鄰神社。眺望著位處綠意盎然公園中，以紅磚建造，充滿復古懷舊風情的宅邸，相當適合在此稍作休憩。

在策馬奔上「出人頭地石階」後，一炮而紅的武士！

愛宕神社

P52 MAP-1

神社正面的86層陡峭石階（又稱男坂）在江戶時代不僅是說書題材，更是人人皆知的「出人頭地石階」。

愛宕神社是慶長8年（西元1603年）奉德川家康之命建成，祭祀有江戶防火之神，守護著幕府及鎮守整座江戶城，一路庇佑江戶、東京發展至今。據說德川幕府第三代將軍，德川家光有次相當喜愛山上盛開的梅花，便命令下人將梅花採來。這時，名叫曲垣平九郎的武士一路策馬衝上石階，取下梅花樹枝並獻給家光，因此成了日本家喻戶曉的「第一馬術師」。其後愛宕神社的男坂人稱「出人頭地石階」，許多信眾為求火神（火產靈命）庇佑，時至今日仍會來此祈求出人頭地。

御朱印

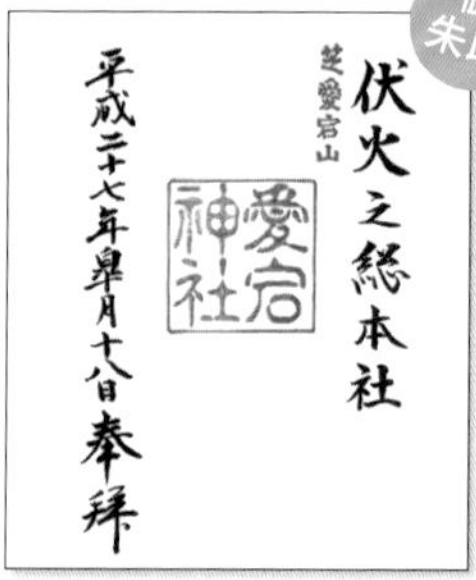

祭祀神祇

火產靈命、罔象女命、大山祇命、日本武尊、將軍地藏尊、普賢大菩薩

祈願項目

防火、防災、生意興隆、庇佑印刷及電腦相關產業、戀情、婚姻、締結姻緣

Information

東京都港区愛宕1-5-3

☎ 03-3431-0327

搭乘東京Metro地鐵日比谷線，從「神谷町」站步行約5分鐘

讓射擊百發百中的靈威也能為事業及勝負帶來好運！

皆中稻荷神社

P53 MAP-5

皆中稻荷神社在江戶時代被視為「鐵炮組百人隊」的守護神，據說能讓射擊百發百中。如今更被認為能加強事業、勝利、中獎及考試運勢，讓信眾順利出人頭地。

根據歷史記載，射擊技術一直無法有所突破的鐵炮組騎士夢見了稻荷大明神，稻荷大明神在夢中出示了張符咒。隔天一早，騎士參拜神社時，射擊竟然百發百中。其他隊員們在求了神社的符咒後，射擊同樣「人人皆中」。隨著神社名聲愈趨響亮，開始出現來自各地的參拜信眾。

佇立於社殿前的鳥居上更提到鐵炮隊「同心（低階武士）」的捐獻事蹟，當信眾在參拜之際，也更能感受到神社的歷史淵源。

御朱印

祭祀神祇

倉稲之魂之大神、伊邪那岐之大神、伊邪那美之大神、諏訪大神、日本武命

祈願項目

成功出運、勝利運、財運、生意興隆、化解厄運、金榜題名

Information

東京都新宿区百人町1-11-16

☎ 03-3361-4398

搭乘JR山手線，從「新大久保」站步行約1分鐘

克服困難的武人威德顯威！

乃木神社

P53 MAP-2

乃木神社鄰近六本木，在祈求勝利及夫妻和睦上相當靈驗，吸引許多信眾前來參拜。而乃木神社其實是在國民的熱烈希求下所建立的神社。

此處供奉有乃木希典大將與靜子夫人賢伉儷。乃木希典是日本近代國家建設最動盪的明治時期中，活躍於甲午戰爭與日俄戰爭的陸軍軍人。在明治天皇駕崩當天，乃木希典選在宅邸（乃木神社現址旁）與夫人一同殉死。後人感念乃木希典的精神，紛紛提出即刻建立神社的請求。乃木希典除了是位軍人外，更以學習院（以朝廷貴族為對象的教育機構）院長的學術家身分，透過詩歌，指導包含昭和天皇在內的眾多年輕學子。乃木希典的事蹟以及和夫人間的堅貞愛情被隨之神化，受到許多信眾的尊崇。

御朱印

祭祀神祇

乃木希典命、乃木靜子命

祈願項目

勝利運、夫妻和睦、締結姻緣、順產、化解厄運、金榜題名

Information

東京都港区赤坂8-11-27

☎ 03-3478-3001

搭乘東京Metro地鐵千代田線，從「乃木坂」站步行約1分鐘

庇佑大岡越前守仕途扶搖直上，讓明星們也都爭相前往參拜！

豐川稻荷東京別院

P53 MAP-❸

豐川稻荷東京別院所供奉的神祇，是時代劇中以「大岡裁決」一聞名，「知名奉行」大岡越前守忠相的守護神。大岡越前守出人頭地速度之快，在當時可說相當罕見，讓此處成了東京祈求功成名就的人氣神社，也非常推薦想要加強事業運勢的讀者在巡訪神社途中前來參拜。

大岡忠相年僅40歲便當上南町奉行，在當時可是毫無前例。忠相在成為三河國西大平藩一萬石的大名（日本封建時代對藩主的稱呼），於宅邸內恭請來三河的豐川稻荷，並供奉為守護神，這也是豐川稻荷東京別院的起源。境內掛了整排由明星藝人捐獻的燈籠，這些燈籠更已成為這裡的招牌，有許多參拜者便是為了親眼欣賞此特殊景象而來。

祭祀神祇

豐川荼枳尼真天（稻荷神）

祈願項目

功成名就、財運、事業運、締結姻緣、戀情、婚姻

UP

Information

東京都港区元赤坂1-4-7

☎ 03-3408-3414

搭乘東京Metro地鐵銀座線等，從「赤坂見附」站步行約5分鐘

希望大紅大紫的演藝人士們相當尊崇的神祇！

花園神社、藝能淺間神社

P53 MAP-❹

藝能淺間神社位於花園神社境內，或許是因為花園神社同為新宿這歡樂街鎮的總守護神，一路庇佑著歌舞伎町，使得此處總是帶股華麗燦爛的氛圍。

自江戶時代起，花園神社便與劇場及舞蹈演出相當有淵源，直至今日仍有相當多演員或音樂人士會前來參拜，使得藝能淺間神社頗具知名度。此處供奉的神祇彷彿能讓你擁有存活在演藝圈的運勢，神社周圍的圍籬上不僅排滿藝人的名牌，繪馬上更全是寫著「想成為女星」、「希望順利成為音樂人」、「希望表演成功」的心願，可說相當受到創作人士尊崇。

祭祀神祇

木花之佐久夜毘賣

祈願項目

出人頭地、大紅大紫、才藝精進、事業運

UP

Information

東京都新宿区新宿5-17-3

☎ 03-3209-5265

搭乘東京Metro地鐵丸之內線等，從「新宿三丁目」站步行約3分鐘

還有這些！

歡迎造訪附近其他神社！祈求功成名就神社一覽

【大田區】太田神社

「只要虔誠祈求，沒有不能成真的心願」，深受信眾尊崇的必勝之神

太田神社是與人稱弓箭之神的武士・那須與一淵源極深的神社。據說與一將御神體*藏於胸前，讓射出的箭不偏不倚地正中扇子，世人因此深信「只要虔誠祈求，沒有不能成真的心願」，其後太田神社便以祈求勝利及心想事成聞名。此外，與一僅用一支箭即射中目標，對於庇佑運動及考試等一次定勝負的重要場合據說更是靈驗。

祭祀神祇

應神天皇、奧津彥命、奧津姬命、宇迦御魂命、高龗命

祈願項目

祈求必勝、心想事成、金榜題名、開運解厄

Information

東京都大田区中央6-3-24

☎ 03-3753-4529

搭乘JR京濱東北線，在「大森」站轉乘東急巴士，於「池上營業所」下車後，步行約5分鐘

【葛飾區】龜有香取神社

出現於漫畫「烏龍派出所」中，鎮守龜有地區的靈驗神祇！

龜有香取神社不僅經常出現在以「阿兩」為主角的「烏龍派出所」中，更是以祈求勝利、開運、化解厄運聞名的神社。此處供奉的神祇為武神，自古便被尊崇為勝利之神，時至今日仍發揮「能夠戰勝人生所有難題」的強大神威，為信眾消災解厄，讓仕途及求學之路更為順遂。

祭祀神祇

經津主大神、武甕槌大神、岐大神

祈願項目

勝利運、開運解厄、足腰部健康、競技必勝等

Information

東京都葛飾区龜有3-42-24

☎ 03-3601-1418

搭乘JR常磐線，從「龜有」站步行約5分鐘

＊神道中神所寄宿之物體

【千代田區】

築土神社

有了東國英雄平將門的加持，勝利運勢當然更加旺盛！

築田神社過去雖然是供奉平將門，傳聞建於平安時代的古老神社，時至今日則成了祈求出人頭地者相當信仰的參拜景點。在江戶時代，築田神社早已被視為江戶守護神，深受將軍家族尊崇，據說德川幕府第二代將軍德川秀忠的正室——阿江更是將築田神社的御守帶在身上。主祀的邇邇杵命不僅是天照大神之孫，更是從高天原降臨凡間，成為天皇家祖先的神祇。

祭祀神祇

天津彥火邇邇杵命、平將門公、菅原道真公

祈願項目

勝利運、開運、出人頭地、祈求必勝

Information

東京都千代田区九段北1-14-21

☎ 03-3261-3365

🚉 搭乘東京Metro地鐵半藏門線等，從「九段下」站步行約1分鐘

【台東區】

被官稻荷神社

不僅有助疾病恢復，對出人頭地及求職更是靈驗！

神社名稱的「被官」帶有「被賦予官職」之意，同時被解讀為能夠出人頭地。而「被官」的日文發音「ヒカン」又因江戶人民的腔調被誤唸為「仕官（シカン）」，因此世人深信是有助出人頭地及求職成功的神祇。活躍於幕府末期至明治維新的俠客，新門辰五郎為了祈求病妻痊癒，創建了被官稻荷神社，最後疾病果真順利康復，現在也可看見許多參拜者是為了祈求病癒而來。

祭祀神祇

倉稻魂命（宇迦之御魂神）

祈願項目

成功發跡、才藝精進、福德圓滿、生意興隆

Information

東京都台東区浅草2-3-1

☎ 03-3844-1575（淺草神社）

🚉 搭乘東京Metro地鐵銀座線等，從「淺草」站步行約7分鐘

【北區】

平塚神社

讓無業男成功出人頭地的平塚明神!!

平塚神社是中世紀望族・豐島氏將源氏三兄弟供奉為居城*1的守護神，祈求勝利及出人頭地的神社。據說在江戶時代，一位居住於豐島郡平塚鄉的失明男子向平塚明神祈願能夠出人頭地，並在出江戶後便立刻得到「檢校*2」的崇高職位，其後更成了德川幕府第三代將軍，德川家光的近習*3，順利出人頭地。據說家光將軍病倒之際，在經過這位近習祈願後，將軍便立刻健康痊癒。

祭祀神祇

源義家命、源義綱命、源義光命

祈願項目

成功發跡、勝利運、開運解厄、疾病痊癒等

Information

東京都北区上中里1-47-1

☎ 03-3910-2860

🚉 搭乘JR京濱東北線，從「上中里」站步行約2分鐘

*1：領主所居住的城

*2：日本古代盲人官最高職階

*3：日本古代侍奉於君主身旁之人

【埼玉縣】
高麗神社

想爬上王者之位，就絕不能錯過參拜此神社！

高麗神社以「出人頭地、開運之神」廣為人知。高麗神社名聲會這般響亮，最主要的理由在於參拜過此處的政治家中，有六位更曾任日本總理大臣一職，分別為濱口雄幸、若槻禮次郎、齋藤實、平沼騏一郎、小磯國昭與鳩山一郎。除此之外，更有多位如最高法官、檢察總長等人物在參拜過後，都順利爬上職業生涯的高峰。

祭祀神祇
高麗王若光

祈願項目
出人頭地、開運、子嗣興旺

Information
埼玉県日高市新堀833
☎ 042-989-1403
🚆 搭乘JR川越線等，從「高麗川」站步行約20分鐘

【神奈川縣】
佐助稻荷神社

出現在源賴朝面前，助其名列歷史偉人的稻荷神！

佐助稻荷神社可是遊覽鎌倉時，不可錯過的祈願景點，據説能為成就及戀愛運勢加分。古有傳聞，此處供奉的稻荷神曾以老翁之姿現身源賴朝面前，並告訴源賴朝「現不行動更待何時」，建議出兵討伐。在稻荷神的加持下，促使源賴朝做出決策，不僅打倒武士政權的鎌倉幕府，更奠定源賴朝在歷史上的偉人地位，因此被世人們尊崇為能夠幫助功成名就、加強事業運的神祇。

祭祀神祇
宇迦御魂命、大己貴命、佐田彥命、大宮女命

祈願項目
出人頭地、事業運、疾病痊癒、祈求戀情

Information
神奈川県鎌倉市佐助2-22-10
☎ 0467-22-4711
🚆 搭乘JR橫須賀線等，從「鎌倉」站步行約25分鐘

【埼玉縣】
鬼鎮神社

用鬼神加持過的金棒為勝利運勢加分！

鬼鎮神社將鬼奉為守護神，在日本可説是相當罕見的神社。此神社自鎌倉時代起，便提供消災解厄的服務，因此被尊崇為能夠讓武士運途順遂的勝利之神。目前更有許多信眾在面臨運動賽事等勝負關鍵時刻，就會前來加強勝利運勢，另也有不少希望考試能夠一次過關的參拜者。在拜殿掛有許多信眾在心願成真後所捐獻的鬼之金棒，鬼鎮神社的祈求必勝繪馬上，則畫有魁武有力的紅鬼及綠鬼。

祭祀神祇
衝立船戶神、八街比古神

祈願項目
勝利運、事業運、考試合格、生意興隆等

Information
埼玉県比企郡嵐山町川島1898
☎ 0493-62-2131
🚆 搭乘東武東上線，從「武藏嵐山」站步行約15分鐘

祈求學藝精進、金榜題名的最佳參拜路線❶

「上野區、文京區」

對於想要讓技能進步或取得證照的讀者，
那麼就該借助能讓你才能發揮、增長智慧及知識的諸神力量。
有了學藝精進之神的加持，
相信你也能充分發揮自身所不知道的潛力。

【祈願項目】

祈求學藝精進、金榜題名的最佳參拜路線❶

上野區、文京區

透過不斷磨練，讓工作表現更為精進，成就出全新自我！

有請最強大的學問之神為你我加持！

本路線包含了人稱「東京三大天神」或「關東三天神」的兩間天神宮社（湯島天滿宮與龜戶天神社，另一間則是位於國立市的谷保天滿宮），堪稱是祈求金榜題名的最強參拜路線。

龜戶天神社不僅二月賞梅、五月可賞紫藤花海、秋天還能飽覽菊花美景，建議讀者們可挑選上述期間前往參拜。本參拜路線以上野公園為中心，其中，小野照崎神社坐落

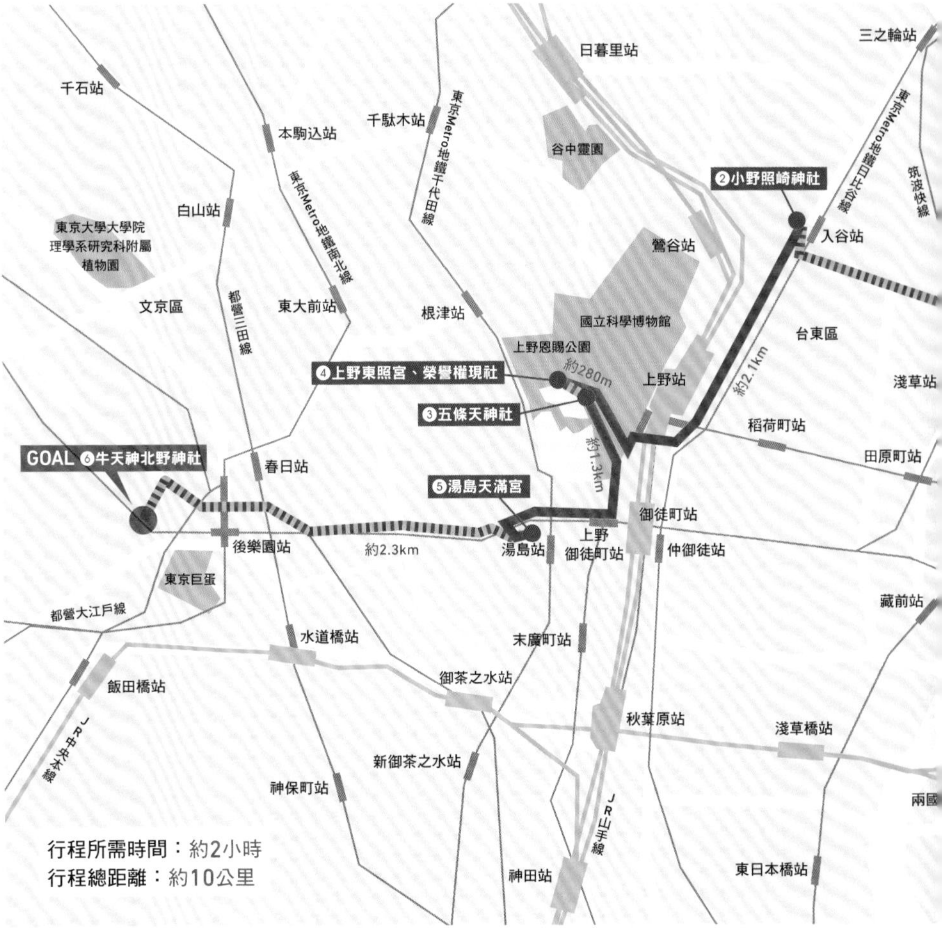

於舊城區的「入谷」，是年代相當久遠的神社。一般提到上野公園時，大多數人會聯想到春季賞花、東京博物館、西洋美術館或上野動物園，但其實公園內也有上野東照宮及五條天神社兩間宮社。從上野公園不忍池的湯島入口至湯島天神雖然需步行十分鐘左右，但途中可欣賞三菱財閥的岩崎家族於明治時期所建立的舊岩崎宅邸庭園，其中的舊宅邸與庭園皆相當有可看性。牛天神北野神社則位於東京巨蛋及小石川後樂園附近。

由三菱財閥所建立，以庭園為賣點的舊岩崎宅邸庭園

植有草坪，更擁有近代庭園的舊岩崎宅邸庭園由三菱集團創始人，岩崎彌太郎長男，同時也是三菱第三大社長所建立，是座具有和洋風格的大宅邸。

坐落文教中心，供奉有學問之神，東京都內祈求金榜題名的知名聖地！

湯島天滿宮

P63 MAP-5

湯島天滿宮歷來以「湯島天神」而聞名，可說是東京都內向天神祈求金榜題名的聖地。平常除了有許多祈求學問精進的信眾會前往參拜外，此處更是學生畢業旅行造訪東京時，一定會走訪的景點。也因此神社特別提供以班級為單位的昇殿參拜，為學生能夠學業合格、身體健康助禱，並售有學業御守、學業進步鉛筆（天神鉛筆）。每年到了考試季節，境內更是人聲鼎沸，將神社擠得水洩不通的考生，以及掛滿架上的繪馬成了這個時期的特有風情。

湯島天滿宮附近在江戶時代設有昌平坂學問所（現在的湯島聖堂），可說是文化教育重鎮，這也讓湯島天滿宮所供奉的學問之神受到各方尊崇。

御朱印

祭祀神祇
菅原道真公、天之手力雄命

祈願項目
學業精進、金榜題名、勝利運、事業運、技藝精進、化解厄運、生意興隆

合格

Information
東京都文京区湯島3-30-1
☎ 03-3836-0753
搭乘東京Metro地鐵千代田線，從「湯島」站步行約2分鐘

讓智慧及才能潛力發揮的「舊城區天神」能量！

龜戶天神社

P62 MAP-❶

自古以來便被視為「舊城區天神」，深受庶民尊崇的「龜戶天神」也擁有許多祈求金榜題名的考生信眾。

在龜戶天神社除了能祈求學業進步外，更是自江戶時代起便相當知名的賞花勝地。尤其是此處有著東京最美的紫藤花，只要一到開花季節，便會湧入眾多參拜者。每年1月24、25日所舉辦的鷽替祭神儀式不僅是從江戶後期延續至今的傳統祭典，以檜木雕刻繪製而成的「鷽鳥」更只有在這兩天才能求得，據說常被用來做為祈求金榜題名的御守。

龜戶天神社是在江戶時代的初期，從九州太宰府天滿宮迎請分靈至此祭祀，由於神祇本尊位於日本西側，因此龜戶天神社還有著「東宰府天滿宮」或「龜戶宰府天滿宮」等別稱。

御朱印

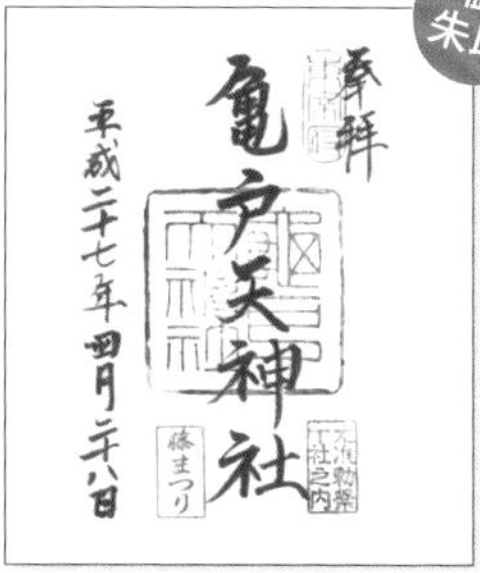

祭祀神祇

天滿大神（菅原道真公）、天菩日命

祈願項目

功成名就、開運、勝利運、財運、生意興隆、化解厄運、金榜題名

Information

東京都江東区龜戶3-6-1

☎ 03-3681-0010

🚃 搭乘JR總武線，從「龜戶」站步行約15分鐘

賦予世人智慧的學者遺德神威！

小野照崎神社

P63 MAP-2

小野照崎神社供奉的小野篁出身望族，家族中除了有初期遣隋使的小野妹子、小野道風，以及素有美女代名詞的小野小町等，多位在日本歷史留名的人物。

小野篁身為平安時代前期的公卿、學者及歌人（日本傳統詩歌創作者），更是在小野家族中，於古代東京留下事蹟的第一位名人，目前則被敬奉為學問、技藝之神深受敬仰。當小野篁完成在上野國（群馬縣）的任期，前往京都途中，被上野照崎（現在的上野公園附近）的美景所吸引，並選擇滯留此地，施教當地居民。

後人為感念小野篁的貢獻，在其辭世後虔誠祭拜，並創建了小野照崎神社。

祭祀神祇
小野篁命、菅原道真命

祈願項目
學業精進、才藝精進、業績成長、金榜題名

Information
東京都台東区下谷2-13-14
☎ 03-3872-5514
搭乘東京Metro地鐵日比谷線，從「入谷」站步行約3分鐘

讓御狸神能量為你的考試勝利運勢加分！

上野東照宮、榮譽權現社

P63 MAP-4

此處主祀的德川家康（東照大權現）雖為保佑出人頭地及勝利的神祇，但最近位於上野東照宮，人稱「御狸神」的榮譽權現社突然受到矚目，聽說對金榜題名可是相當靈驗。

御狸神原本是被安置在江戶城大奧（後宮）等處，偶爾會帶來災難的「惡神」，但據聞在改奉於東照宮後改邪歸正。日文的狸（タヌキ）的發音近似「他を抜く（表現優於他人之意）」，現在不僅能增強運勢，更成了考試、就職、必勝之神，受到世人尊崇。

此外，別名「金色殿」的上野東照宮社殿採權現造建築工法，整體氣派壯麗，「金碧輝煌」的程度絕對值得前往參觀。

祭祀神祇
德川家康公、德川吉宗公、德川慶喜公

祈願項目
運勢旺盛、金榜題名、就業順利、祈求必勝

Information
東京都台東区上野公園9-88
☎ 03-3822-3455
搭乘JR山手線等，從「上野」站步行約5分鐘

兩尊醫藥祖神是祈求學益精進之人的守護神

五條天神社

P63 MAP-③

五條天神社的起源據說是日本武尊東征時，為了感謝神祇的保佑，便在經過忍岡（現在的上野公園附近）之際，供奉起大己貴命（大國主命）及少彥名命這兩尊醫藥祖神。自江戶時代起，學業之神的菅原道真公也被奉為歌道祖神，開始合祀於境內。

時至今日，五條天神社主要供奉的大己貴命（大國主命）及少彥名命神威更是深受祈求健康、學業能順遂精進之人的尊崇。

此外，畫有菅原道真公乘坐著天神牛差使的繪馬以及必中繪馬更是深受考生喜愛。

祭祀神祇

大己貴命、少彥名命、菅原道真公

祈願項目

無病健康、疾病痊癒、家運興旺、學業精進

Information

東京都台東区上野公園4-17

☎ 03-3821-4306

搭乘JR山手線等，從「上野」站步行約5分鐘

想要學藝進步，交給「牛天神」就對了！

牛天神北野神社

P63 MAP-⑥

只要邊撫摸牛體，邊誠心祈求，不僅能讓你學業精進、金榜題名，牛天神北野神社還可是能讓信眾心想事成的首間「撫牛」祈願神社。

關於牛天神的起源，據說是當源賴朝出兵奧州途中，依靠在此處的石頭休息時，夢中突然出現乘牛而來的菅原道真公，並告知「將發生兩件可喜之事」。隔年，源賴朝對於可喜之事成真感到無比喜悅，便開始虔誠供奉牛天神。目前社殿前放置有形狀如牛的「牛石」，此石頭更被稱為「許願牛」，許多面臨考試的信眾都會來此祈求金榜題名。

祭祀神祇

菅原道真公

祈願項目

學業精進、金榜題名、生意興隆、心想事成

Information

東京都文京区春日1-5-2

☎ 03-3812-1862

搭乘東京Metro地鐵丸之內線等，從「後樂園」站步行約10分鐘

日本諸神中，天神是發跡最快的神祇！

人稱學問之神的菅原道真竟是個冤魂！

正因冤魂形象讓人無比恐懼，使其晉升入列神祇名單

人稱學問之神及天神，相當受到信眾尊崇的菅原道真屬於原本為人類的神祇，更是「御靈信仰」之神。所謂「御靈」，係指含恨而死的人類靈魂成了冤魂，並留在人世間作祟。為了鎮壓住這些冤魂怨念，世人選擇將其供奉為神，形成「御靈信仰」。道真在世時雖然是位學問淵博的傑出官僚，但卻陷入同輩間的鬥爭慘遭背叛，最後抑鬱而終。

人們深信道真死後成了冤魂，認為當時發生的瘟疫、雷擊及自然災害全都是道真的冤魂作祟而大感畏懼。當時的人更將這些現象視為能量，選擇將道真的冤魂供為火雷天神（也就是原本供奉於北野天滿宮的雷神）祭祀。換言之，被視為不淨的冤魂在世人的信仰下，化身成為神祇，並擁有神力。

若這些冤魂不具備晉升神祇的資格，最終僅以怨靈身分遊蕩人間，那麼或許就不會形成日本的天神信仰了。

祈求學藝精進、金榜題名的最佳參拜路線❷
［港區、新宿區］

想挑戰新事物時，
當然就要參拜能夠讓你學藝進步的神祇了。
想自我磨練時，
就要誠心祈求司掌學問、音樂、藝術等，能讓你技藝精進之神。
面對人生重要場合時，不妨參拜專門祈求金榜題名的神社，讓自己的心靈沉澱。

【祈願項目】

金榜題名　學問精進

祈求學藝精進、金榜題名的最佳參拜路線②

港區、新宿區

在面臨晉升考試、考取證照時給你滿滿的神力！

在鎮守森林的療癒下，期待能夠實現技藝精進的心願！

本路線是從都心出發，朝澀谷區的原宿邁進，接著從代代木附近步行至世田谷區的三軒茶屋，首站目的地的平河天滿宮周邊有著國立劇場及最高法院，各位更不可錯過從皇居的半藏門至櫻田護城河的沿途景色。此外，路線中的東鄉神社雖然坐落流行文化與年輕人聚集重鎮的原宿，卻又同時被廣大鎮守森林的那份寂寥所圍繞，與東鄉神社以一條山手線相隔的，則是明治神宮。

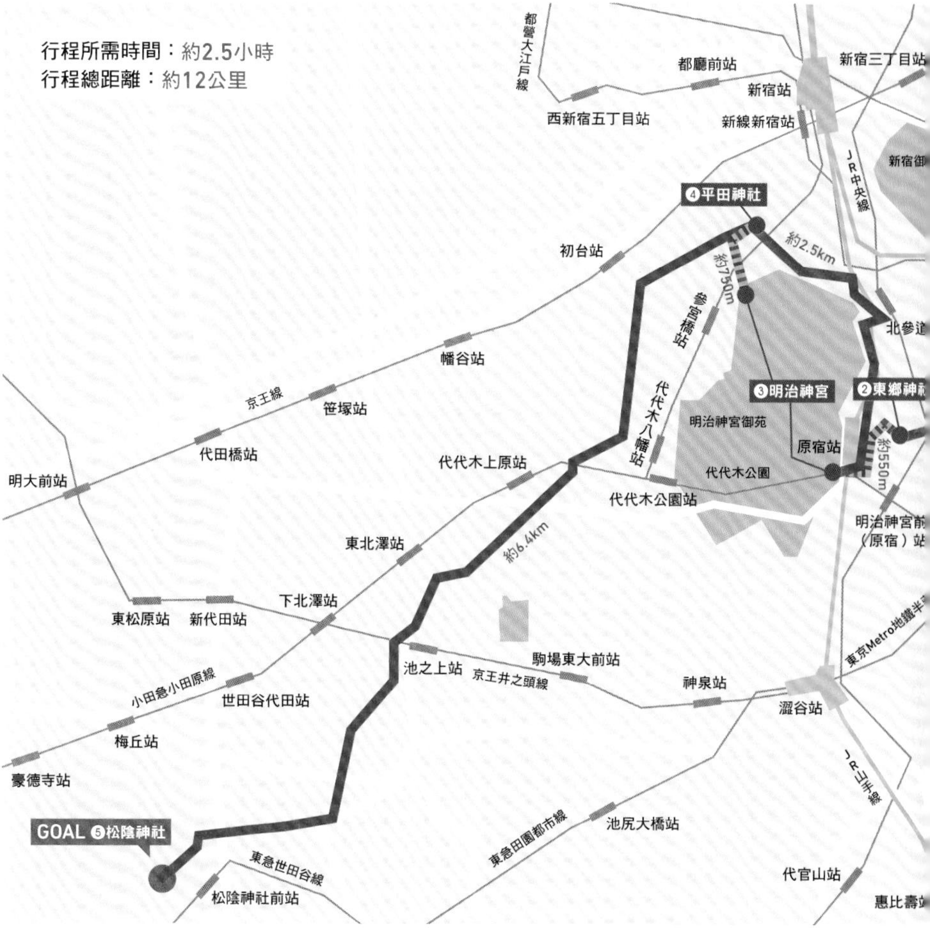

明治神宮森林中的能量景點「清正井」

據說御苑中湧出清水的井口為江戶時代的加藤清正所挖掘。有傳聞指出，若將井口的照片設定為手機待機畫面，就能「加強運勢」，因此引來熱議。

擁有大片蒼鬱樹林的「明治神宮森林」及比鄰的代代木公園讓東京這座大都會中心擁有豐富的自然環境，提供都市人們一個喘息（療癒）的空間。另一方面，走出明治神宮的北側出口不久後，便可來到坐落於寧靜住宅區的平田神社。再從澀谷搭乘電車，前往年輕人愛店林立的三軒茶屋，接著轉乘東急世田谷線，搭上那可愛的綠色列車，來到第三個停靠車站——松陰神社前這迷你車站。從這裡沿著自古便充斥庶民風情的「松陰通」商店街朝北步行5分鐘左右，即可抵達松陰神社。

自江戶時代即受學者們信仰，寺子屋的學生們更深信能讓技藝精進！

平河天滿宮

P70 MAP-❶

平河天滿宮人稱「江戶三大天神」，在江戶時代除了深受盲人國學學者塙保己一，以及蘭學學者高野長英等學問之人的尊崇外，寺子屋（江戶時代讓平民百姓接受教育的民間設施）的學生在參拜後，學問更加淵博，因此也擁有許多庶民信眾。

境內拜殿前的參道兩側坐有5頭石牛像，讓人印象深刻，最前方的石牛人稱「撫牛」，據說只要撫摸牛體，就能讓學藝精進。從牛的頭部及背部明顯光滑平亮來看，更可感受到參拜者祈求時的那份虔誠。

平河天滿宮的由來是江戶城築城先驅，太田道灌在夢見菅原道真後，選擇於江戶城內供奉祭祀道真，以感念其靈威。現在仍有許多信眾相當敬崇這位學問之神，其中更以祈求醫術及技能精進者占多數。

御朱印

祭祀神祇

菅原道真公、譽田別尊、德川家康公

祈願項目

學問精進、金榜題名、生意興隆、出人頭地、開運

Information

東京都千代田区平河町1-7-5

☎ 03-3264-3365

搭乘東京Metro地鐵半藏門線，從「半藏門」站步行約1分鐘

將指導者育才的熱忱轉化為能量

松陰神社

P71 MAP-5

吉田松陰所開設的松下村塾人才輩出，九坂玄瑞、高杉晉作（均為日本尊王攘夷派的武士）、伊藤博文（首位日本內閣總理大臣）、山縣有朋（日本陸軍大將）等人不僅成功推動明治維新，更起身力抗西方勢力，對日本近代化貢獻良多。

對埋頭苦讀準備考試的學生而言，若能感受到吉田松陰身為一位教育家的熱忱及動力，相信必能轉化成為考生們的強大能量。

吉田松陰不僅是位教育家，更是位思想家。安政5年（西元1858年），松陰因批評幕府與計畫襲擊老中（江戶幕府的官職）而受「安政大獄」（江戶幕府末期發生的政治事件）波及，隔年更以29歲的年紀遭處死於傳馬町獄中。松陰的門生將其遺骨改葬於長州藩毛利家別邸附近，並創建松陰神社予以供奉。

御朱印

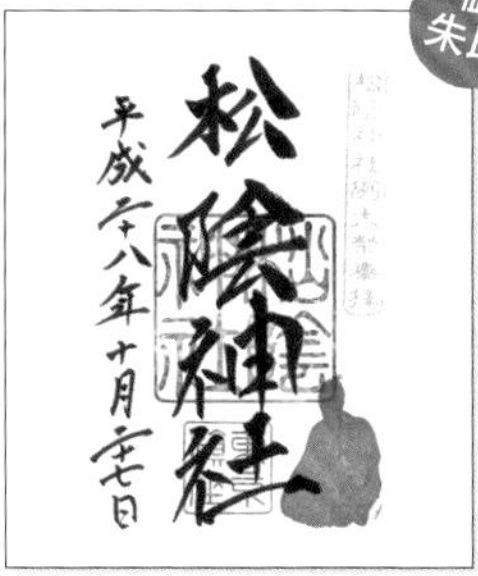

祭祀神祇
吉田寅次郎藤原矩方命
（吉田松陰）

祈願項目
學業精進、金榜題名、開運解厄、生意興隆、心想事成、社運昌隆

Information
東京都世田谷区若林4-35-1
☎ 03-3421-4834
搭乘東急世田谷線，從「松陰神社前」站步行約3分鐘

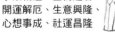

文武雙全的神威讓你金榜題名！

東鄉神社

P71 MAP-2

參拜人稱「大東鄉」的東鄉神社後，曾指導天皇的海軍大將神威將能讓你學問精進、金榜題名。

此神社限定的「Z旗」勝利御守據說是為了紀念日俄對馬海戰時，日本軍戰勝了當時號稱世界最強的俄羅斯艦隊，因此御守也帶有「朝著自我目標邁進，順利達成心願」的含義。

東鄉神社供奉的東鄉平八郎不僅是名海軍大將，更在日俄戰爭中，擔任聯合艦隊司令官指揮作戰。進入大正時代後，東鄉任職東宮御學問所總裁，負起教育昭和天皇的責任，因此被世人敬稱為「大東鄉」。

在東鄉平八郎病逝後，日本各地為感念其功德，紛紛提出建社祭祀的想法，讓東鄉神社得以於昭和15年（西元1941年）5月27日（當時的海軍紀念日）完成創建。

御朱印

祭祀神祇
東鄉平八郎命

祈願項目
學問精進、金榜題名、祈求必勝、夫妻和睦、生意興隆、社運昌隆、心想事成等

Information
東京都渋谷区神宮前1-5-3
☎ 03-3403-3591
搭乘JR山手線，從「原宿」站步行約3分鐘

蘊藏森林的自然能量 讓才能發揮！

明治神宮

P71 MAP-③

明治神宮供奉有致力推動日本近代化的明治天皇，以及鼓勵女性教育、積極投入慈善事業的昭憲皇太后。兩位的貢獻被廣為歌頌，讓世人深信參拜後不僅能刺激向學、習得專業技能、啟發智慧外，更可養成優秀人格。

明治神宮雖然坐落喧囂的原宿旁，但廣大森林占地猶如都市中的綠洲，療癒著參拜者的心靈，為信眾注入元氣。明治神宮在每年的新年期間更會湧入來自日本全國各地，超過３００萬名的信眾，一年的累積造訪人數更達１０００萬人左右，無疑是鎮守首都東京核心位置的重要神社。

祭祀神祇
明治天皇、昭憲皇太后

祈願項目
開運解厄、闔家平安、金榜題名、世界和平等

Information
東京都渋谷区代々木神園町1-1
☎ 03-3379-5511（社務所）
🚆 搭乘JR山手線，從「原宿」站步行約2分鐘

教授逾百名門生的大學者加持下，獲得滿滿能量！

平田神社

P71 MAP-④

門生弟子超過百人的大學者神威，將能實現你祈求學問精進、金榜題名的心願。

平田神社供奉的平田篤胤為活躍於江戶時代後期的國學學者、神道家、思想家、教育家及醫師。平田更大力提倡復古神道的宗教改革及復興古典文化，奠定了日本人的自我認同思想。

平田門下人才輩出，這些人活躍於明治維新，成了推行日本近代化的動力。平田以先驅者之姿所成就的功業，讓後人將其與荷田春滿、賀茂真淵、本居宣長共列「國學四大人」。此外，世人為了歌頌平田的遺德，建立了平田神社予以祭祀。

祭祀神祇
神靈真柱平田篤胤大人命

祈願項目
學問精進、金榜題名、醫術精進、才藝進步

Information
東京都渋谷区代々木3-8-10
☎ 03-3370-7460
🚆 搭乘JR山手線等，從「代代木」站步行約10分鐘

還有這些！

歡迎造訪附近其他神社！

祈求學藝精進、金榜題名神社一覽

【國立市】

谷保天滿宮

由菅原道真三男創建，東日本的「關東三大天神」

谷保天滿宮與湯島天滿宮、龜戶天神社同列「關東三大天神」，相信讀者一定不難體會這位學問之神的強大能量。菅原道真被貶謫至太宰府時，三男道武則被流放此地。在聽聞父親不幸逝世之際，菅原道武為了表達心中思慕，親手雕刻了一尊父親的坐像，並設立祠堂誠心供奉，這不僅是谷保天滿宮的起源，也讓此處成為關東地區歷史最為悠久的天滿宮。

祭祀神祇
菅原道真公、菅原道武公

祈願項目
金榜題名、學業精進、化解厄運、交通安全等

Information
東京都国立市谷保5209
☎ 042-576-5123
🚃 搭乘JR南武線，從「谷保」站步行約3分鐘

【調布市】

布多天神社

撫摸「御神牛」的鼻子，就能得到神祇庇佑！

布多天神社供奉著擁有智慧與技術，同時人稱醫藥之神、學問書法之神的神祇，這也讓信眾們將其尊崇為學問精進、金榜題名的守護神。社名「布多（田）」與地名「調布」的由來，同樣都是因為該區域自古便是產布地區。布多天神社不僅是列名於《延喜式神名帳》*中，多摩地區屈指可數的古老神社，據說只要撫摸「御神牛」的鼻子就能帶來好運。

祭祀神祇
少毘古那命、菅原道真公

祈願項目
學業精進、金榜題名、化解厄運、疾病痊癒

Information
東京都調布市調布ケ丘1-8-1
☎ 042-489-0022
🚃 搭乘京王線，從「調布」站步行約5分鐘

* 完成於西元927年的日本神社資料一覽

【神奈川縣】

報德二宮神社

讓我們一同接受
勤勉努力模範的
二宮金次郎神威洗禮！

報德二宮神社供奉有二宮尊德（二宮金次郎），他在世時不僅是江戶時代後期的農政家、思想家，更是提倡「報德思想」，讓農民擁有習得智慧，能夠富裕生活的人物。時至今日還能在許多日本小學的校園中，看到身揹木材、手拿書本專心研讀的少年二宮金次郎像。二宮金次郎更被視為學問之神，深受考生及學生們尊崇，希望能順利金榜題名。

祭祀神祇
二宮尊德翁

祈願項目
學業精進、金榜題名、生意興隆、經濟復甦

Information
神奈川県小田原市城內8-10
☎ 0465-22-2250
搭乘JR東海道本線等，從「小田原」站步行約15分鐘

【埼玉縣】

秩父神社

智慧之神的
貓頭鷹使者將能帶來
合格必勝運勢！

光是秩父神社供奉的兩尊象徵人類睿智及創造力的神祇，就讓此處登上祈求金榜題名的靈驗神社名單，吸引廣大信眾前來參拜。身體面向正殿，頭朝正北方的貓頭鷹神使，「北辰之梟」的雕像據說蘊藏著智慧之神的能量。自古以來被視為智慧象徵的「梟守」御守更深受祈求學問精進、金榜題名的考生喜愛。

祭祀神祇
八意思兼命、知知夫彥命、天御中主神

祈願項目
學業精進、金榜題名、締結姻緣、生意興隆

Information
埼玉県秩父市番場町1-3
☎ 0494-22-0262
搭乘西武秩父線，從「西武秩父」站步行約15分鐘

【神奈川縣】

獎學神社、前鳥神社境內社

將文字帶進日本，
成功開創學問之路的
偉人力量！

獎學神社供奉的，不僅是首度將文字與書籍傳入古代日本的人物，更是日本在發展學問之路上的先驅，因此被認為是能夠促進學業精進、金榜題名的神祇。阿直岐（阿知吉師）及王仁（和邇吉師）兩人據說是應神天皇從百濟（古代位於朝鮮半島西南方的國家）找來，負責教授漢字與論語，最後歸化日本的人物，因此自古便被視為精通漢學、儒學、文章及文字的神祇。

祭祀神祇
阿直岐命、王仁命、菅原道真公

祈願項目
學業精進、金榜題名

合格

Information
神奈川県平塚市四之宮4-14-26
☎ 0463-55-1195
搭乘JR東海道本線，在「平塚」站轉乘神奈川中央交通巴士，於「前鳥神社前」站下車後，步行約3分鐘

許多神祇除了本名外，還擁有別名！

你是否知道「稻荷神」又名叫「宇迦之御魂神」？

只要是掌管食物的神祇，全都隸屬於「稻荷神」家族

許多日本神祇除了擁有本名（世人稱呼的名字）外，更有著別名。其中，稻荷神的別名中，最有名的就是供奉於伏見稻荷大社的「宇迦之御魂神」。

然而，稻荷神的別名可不止這個。佛教體系中，豐川稻荷所祭祀的神祇稱為「荼枳尼真天」，供奉此神祇的神社更是遍布日本全國。除此之外，人稱「稻荷神」的還有豐受大神、若宇加能賣命、保食神（大宜都比賣神）、御饌都神等，雖然這些神祇都是掌管食物，但就算是同樣名稱，有時候所指的卻是不同的神祇。

話說回來，任誰都非常熟悉的稻荷神竟然不屬於七福神，這也讓人感到相當不可思議。據說除了因為稻荷神所擁有的神力與大國主神過於類似外，稻荷更會讓人聯想到狐狸，導致人類形象薄弱，進而被排除於七福神之外。

七福神巡禮

東京有著許多供奉深受世人喜愛的七福神神社。
所有巡禮行程都是能悠閒地在半天至一天內完成的路線。
在新年之際，非常建議讀者們抱著迎接嶄新一年的心情前往參拜。
部分神社更可隨時前往參拜，
建議各位以邊感受街鎮氛圍的心情，享受參拜之旅。

淺草名勝 七福神

七福神明明只有7尊，怎會坐落於9座社寺？能感受到昔日江戶風情的舊城參拜路線

邊參拜，邊享受以觀音菩薩、吉原遊廓遺跡聞名的名勝景點

此路線是以供奉觀音菩薩的淺草寺為中心，沿途走訪名勝遺跡，尋找昔日江戶風情的舊城路線。日本自古有云，「九乃數字極限，一變化成七，七則變化成九。九亦指鳩，帶有聚集之意。此外，天地之至數，易又帶有陽」，因此實際上參拜的社寺共計九處，這同時代表著信眾極力追求順利圓滿的誠意。路線中，供奉福祿壽與壽老人的神社分別有兩處。

①淺草寺
大黑天

供奉於知名景點淺草寺，穀物豐收及獲得福德財寶的守護神。

②淺草神社
惠比須

距離淺草寺很近，能夠招福開運的福神惠比須就在淺草神社。

③待乳山聖天
毘沙門天

供奉於淺草寺的支寺院，能賦予財富、勇氣、決心的神祇。

④今戶神社
福祿壽

以招財貓聞名的神社，代表幸福、財富、健康長壽的神明。

淺草名勝七福神一覽

淺草寺	東京都台東区浅草2-3-1 ☎ 03-3842-0181 🚆 搭乘東京Metro地鐵銀座線等，從「淺草」站步行約5分鐘
淺草神社	東京都台東区浅草2-3-1 ☎ 03-3844-1575 🚆 搭乘東京Metro地鐵銀座線等，從「淺草」站步行約7分鐘
待乳山聖天	東京都台東区浅草7-4-1 ☎ 03-3874-2030 🚆 搭乘東京Metro地鐵銀座線等，從「淺草」站步行約10分鐘
今戶神社	東京都台東区今戸1-5-22 ☎ 03-3872-2703 🚆 搭乘東京Metro地鐵銀座線等，從「淺草」站步行約15分鐘
橋場不動尊	東京都台東区橋場2-14-19 ☎ 03-3872-5532 🚆 搭乘東京Metro地鐵日比谷線等，從「南千住」站步行約20分鐘
石濱神社	東京都荒川区南千住3-28-58 ☎ 03-3801-6425 🚆 搭乘東京Metro地鐵日比谷線等，從「南千住」站步行約15分鐘
鷲神社	東京都台東区千束3-18-7 ☎ 03-3876-1515 🚆 搭乘東京Metro地鐵日比谷線，從「入谷」站步行約7分鐘
吉原神社	東京都台東区千束3-20-2 ☎ 03-3872-5966 🚆 搭乘東京Metro地鐵日比谷線，從「三之輪」或「入谷」站步行約15分鐘
矢先稲荷神社	東京都台東区松が谷2-14-1 ☎ 03-3844-0652 🚆 搭乘東京Metro地鐵銀座線，從「稲荷町」或「田原町」站步行約8分鐘

7 鷲神社
壽老人

據說壽老人身邊會跟著象徵長壽福德，高齡兩千歲神鹿。

5 橋場不動尊
布袋尊

來自中國，是七福神中唯一由人化神，掌智慧與福德的神祇。

9 矢先稲荷神社
福祿壽

南極星的化身，主宰長壽的神祇。同於今戶神社的福祿壽。

8 吉原神社
弁財天

七福神中唯一的女性，掌藝術知性、福德、戀情與子孫興旺。

6 石濱神社
壽老人

建於西元724，古老歷史神社中長生不老、安全健康守護神。

日本橋 七福神

東京都內路線距離最短，能在短時間內完成的參拜路線

以平常散步的速度繞行，大約只需1.5～2小時

此路線是東京都內距離最短的「七福神巡禮」路線。即便全部走完也僅約3～4公里，以平常散步的速度繞行，只需1.5～2小時。然而，若是新年期間參拜，小網神社等處會聚集相當多的參拜信眾，因此時間將有可能拉長至3～4小時。在新年期間，還可於七福神的神社購買用來蓋御朱印的用紙（一張2000日圓）。

❶小網神社
福祿壽、弁財天

福祿壽為福德長壽之神，弁財天則是能讓生意興隆、學藝精進的神祇。

❷茶之木神社
布袋尊

能讓福德圓滿、消除災害。因無社務所，故無法取得御朱印。

❸水天宮
弁財天

以祈求順產、孩童平安長大聞名。據說弁財天像為運慶*之作。

* 活躍鎌倉時代的佛師

日本橋七福神一覽

小網神社	東京都中央区日本橋小網町16-23 ☎ 03-3668-1080 🚆 搭乘東京Metro地鐵日比谷線等，從「人形町」站步行約5分鐘
茶之木神社	東京都中央区日本橋人形町1-12-10 ☎ 未提供 🚆 搭乘東京Metro地鐵半藏門線，從「水天宮前」站步行約1分鐘
水天宮	東京都中央区日本橋蛎殻町2-4-1 ☎ 未提供 🚆 搭乘東京Metro地鐵半藏門線，從「水天宮前」站步行約3分鐘
松島神社	東京都中央区日本橋人形町2-15-2 ☎ 03-3669-0479 🚆 搭乘東京Metro地鐵半藏門線，從「水天宮前」站步行約3分鐘
末廣神社	東京都中央区日本橋人形町2-25-20 ☎ 03-3667-4250 🚆 搭乘東京Metro地鐵日比谷線等，從「人形町」站步行約4分鐘
笠間稲荷神社	東京都中央区日本橋浜町2-11-6 ☎ 03-3666-7498 🚆 搭乘東京Metro地鐵日比谷線等，從「人形町」站步行約5分鐘
椙森神社	東京都中央区日本橋堀留町1-10-2 ☎ 03-3661-5462 🚆 搭乘東京Metro地鐵日比谷線等，從「人形町」站步行約5分鐘

❻笠間稲荷神社

壽老人

三大稲荷的別社。幸運之神，開啟命運，增進福德長壽的神祇。

❹松島神社

大國神

11月於人形町舉辦熱鬧的酉市。供奉豐饒之神的大國神。

❼椙森神社

惠比壽神

惠比壽神大祭高人氣。境內富塚石碑亦有名，生意興隆之神。

❺末廣神社

毘沙門天

末廣神社自古就被視為氏神信仰，據說祈求勝利特別靈驗。

＊日本同一聚落、地域居民共同祭祀的神祇

港區 七福神

加上滿帶吉利的寶船，共計八處參拜地點的麻布、六本木鬧區路線

無論是距離或所需時間皆相當適中，沿途更有許多值得參觀的景點！

能帶來長壽及福氣的港區七福神，再加上滿帶吉利的寶船，會參拜六間神社、兩間寺院，共計八個景點。完走距離約六公里，預估所需時間為三小時，適合想輕鬆參拜的讀者。但本參拜區域除了有六本木新城、東京鐵塔等知名景點外，更有很多美食餐廳、購物商店及遊憩設施，若將其放入行程中，參拜時間可能會拉長為一天，因此需特別注意時間安排。

①久國神社
布袋尊

久國的寶刀捐獻於此而得其名。大大的肚子對求子相當靈驗。

②天祖神社
福祿壽

主宰幸福、財富、長壽之神，能為你指引人生及事業方向。

③櫻田神社
壽老人

供奉於境內，福壽稻荷社的長壽之神，每年元旦起對外開放8天。

④冰川神社
毘沙門天

位於麻布。庇佑心想事成，財運、勇氣、勝利，學業精進。

港區七福神一覽

久國神社	東京都港区六本木2-1-16 ☎ 03-3583-2896 🚌 搭乘東京Metro地鐵南北線，從「六本木一丁目」站步行約6分鐘
天祖神社	東京都港区六本木7-7-7 ☎ 03-3408-5898 🚌 搭乘都營大江戶線，從「六本木」站步行約3分鐘
櫻田神社	東京都港区西麻布3-2-17 ☎ 03-3405-0868 🚌 搭乘東京Metro地鐵日比谷線等，從「六本木」站步行約10分鐘
冰川神社	東京都港区元麻布1-4-23 ☎ 03-3446-8796 🚌 搭乘東京Metro地鐵南北線等，從「麻布十番」站步行約10分鐘
大法寺	東京都港区元麻布1-1-10 ☎ 03-3451-6039 🚌 搭乘東京Metro地鐵南北線等，從「麻布十番」站步行約7分鐘
十番稻荷神社	東京都港区麻布十番1-4-6 ☎ 03-3583-6250 🚌 搭乘都營大江戶線等，從「麻布十番」站步行約1分鐘
熊野神社	東京都港区麻布台2-2-14 ☎ 03-3589-6008 🚌 搭乘東京Metro地鐵日比谷線等，從「神谷町」站步行約8分鐘
寶珠院	東京都港区芝公園4-8-55 ☎ 03-3431-0987 🚌 搭乘都營大江戶線，從「赤羽橋」站步行約5分鐘

⑦熊野神社
惠比壽神

近東京鐵塔。庇佑生意興隆、漁獲豐收，受敬崇的惠比壽神。

⑤大法寺
大黑天

傳教大師作的三神具足大黑尊天能帶來福壽、圓滿，消災得幸。

⑧寶珠院
弁財天

幫助開運、出人頭地的大辯才天女，受政商、演藝人士尊崇。

⑥十番稻荷神社
寶船

面朝十番稻荷神社鳥居的左側置有象徵開運的寶船石像。

隅田川 七福神

位於東京晴空塔腳下，墨東向島地區洋溢著文人墨客格外鍾愛的風情

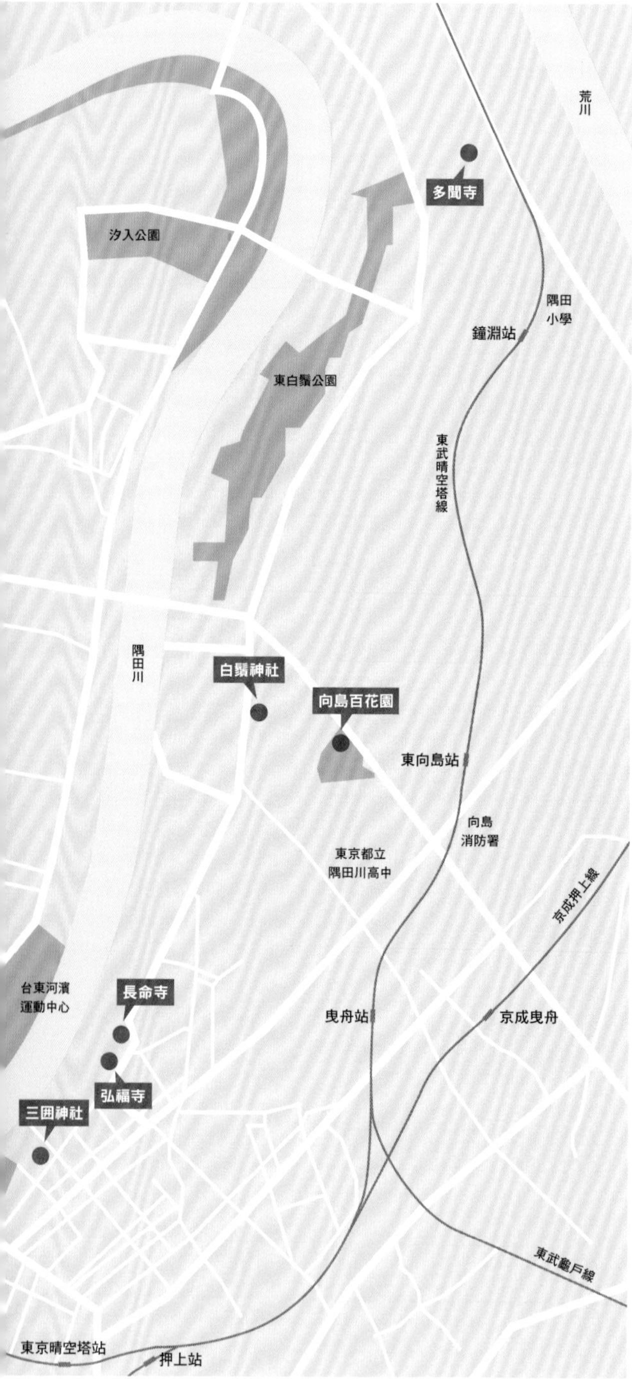

參拜完各社寺供奉的神祇分尊後，再讓七福神搭乘寶船帶來好運

隅田川的七福神巡禮方式自江戶時代的文化年間流傳至今，據說從元旦到一月七日期間，要將各社寺的神祇分尊集結，並讓眾神搭上寶船再予以祭祀才會靈驗。供奉於家中時，要將船頭朝向住宅中央，才能招來福氣。墨東的向島一帶自古便是文人墨客相當喜愛的場所，百花園更是風雅人士鍾愛的庭園。

❶三囲神社

惠比壽神、大國神

惠比壽及大國神像過去被供奉於越後屋（現在的三越百貨）。

❷弘福寺

布袋尊

勝海舟*也曾修業的黃檗宗禪寺。境內鎮咳的翁嫗像能驅風寒。

* 日本幕府末期的政治家

❸長命寺

弁財天

神力驚人，據說長命寺境內「長命水」曾讓德川家光腹痛痊癒。

❹百花園

福祿壽尊

在向島百花園的文化人士提案下，隅田川七福神巡禮得以成形。

❺白鬚神社

壽老人

供奉的白鬚明神形象與長有白鬍鬚的長壽之神相重疊。

❻多聞寺

毘沙門天

佛教護法神，不僅展現智慧與勇氣，更會賦予行善之人財富。

隅田川七福神一覽

三囲神社	東京都墨田区向島2-5-17 ☎ 03-3622-2672 🚉 搭乘東武晴空塔線，從「東京晴空塔」站步行約8分鐘
弘福寺	東京都墨田区向島5-3-2 ☎ 03-3622-4889 🚉 搭乘東武晴空塔線，從「曳舟」站步行約12分鐘
長命寺	東京都墨田区向島5-4-4 ☎ 03-3622-7771 🚉 搭乘東武晴空塔線，從「曳舟」站步行約12分鐘
向島百花園	東京都墨田区東向島3-18-3 ☎ 03-3611-8705（向島百花園服務中心） 🚉 搭乘東武晴空塔線，從「東向島」站步行約8分鐘
白鬚神社	東京都墨田区東向島3-5-2 ☎ 03-3611-2750 🚉 搭乘東武晴空塔線，從「東向島」站步行約9分鐘
多聞寺	東京都墨田区墨田5-31-13 ☎ 03-3616-6002 🚉 搭乘東武晴空塔線，從「堀切」或「鐘淵」站步行約10分鐘

千住 七福神

漫步在昔日的日光街道上，感受舊千住宿場的歷史懷古風情

無論是距離或所需時間皆相當適中，沿途更有許多值得參觀的景點！

日光街道的舊千住宿場是松尾芭蕉「奧之細道」紀行的起點，而充滿懷舊復古風情的千住七福神巡禮更是自西元2008年元旦起正式列名的全新參拜路線。總計七處參拜景點，步行約需三小時。即便不是七福神巡禮活動期間，仍有相當多的信眾前往參拜，各神社所販售的七福神人偶既可愛又有人氣。

❶千住本冰川神社
大黑天

大黑神供奉於據說是鎌倉時代由千葉氏所創建的古老神社。

❷五丁目大川町冰川神社
布袋尊

只有在開放七福神巡禮期間才能求得此處的御朱印。

❸元宿神社
壽老人

亦供俸著甲斐武田氏及源信義成功獲勝的守護神・八幡大菩薩像。

❹千住神社
惠比壽天

轉動「旋轉惠比壽像」，祈求出人頭地及生意興隆。

千住七福神一覽

千住本氷川神社	東京都足立区千住3-22 ☎ 03-3881-2857 🚌 搭乘JR常磐線等，從「北千住」站步行約3分鐘
五丁目大川町氷川神社	東京都足立区千住大川町12-3 ☎ 03-3882-9870 🚌 搭乘JR常磐線等，從「北千住」站步行約20分鐘
元宿神社	東京都足立区千住元町33-4 ☎ 無 🚌 搭乘JR常磐線等，從「北千住」站步行約21分鐘
千住神社	東京都足立区千住宮元町24-1 ☎ 03-3881-1768 🚌 搭乘JR常磐線等，從「北千住」站步行約15分鐘
八幡神社	東京都足立区千住宮元町3-8 ☎ 無 🚌 搭乘JR常磐線等，從「北千住」站步行約15分鐘
河原町稻荷神社	東京都足立区千住河原町10-13 ☎ 03-3888-6902 🚌 搭乘京成本線，從「千住大橋」站步行約2分鐘
仲町氷川神社	東京都足立区千住仲町48-2 ☎ 03-3881-5271 🚌 搭乘JR常磐線等，從「北千住」站步行約10分鐘

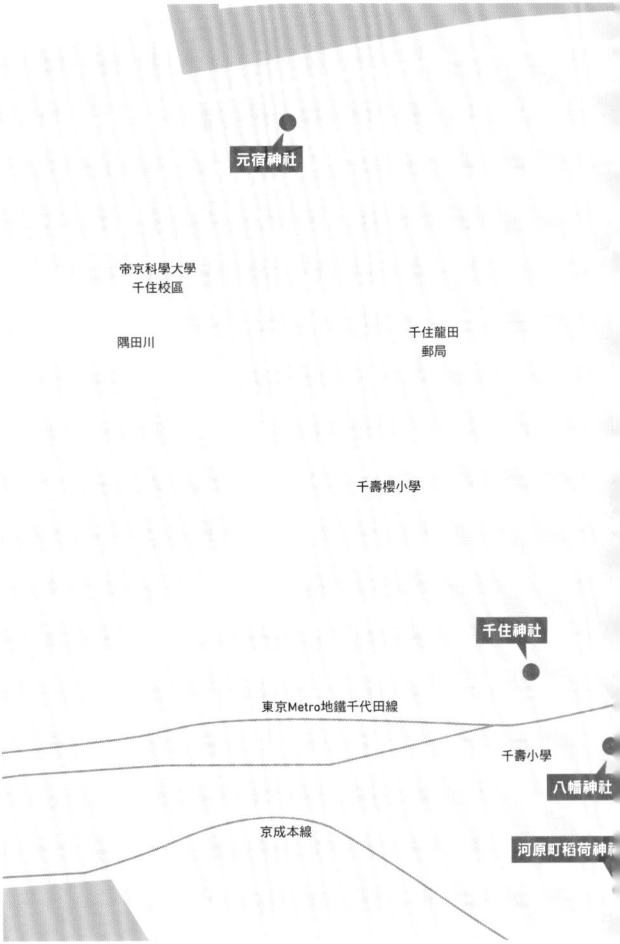

⑦仲町氷川神社
弁財天

神社境內設有東京都內唯一一座供奉著弁財天主尊的庚申塔。

⑤八幡神社
毘沙門天

據説源義家在討伐奧州之際，曾在此處立起白旗，祈求勝利。

⑥河原町稻荷神社
福祿壽

自古以來便被尊奉為千住果菜市場的守護神。

集結一處 七福神

只要前往一間神社就能參拜七尊神祇的輕鬆路線！

非常推薦給無論是自認體力不佳，或是工作繁忙的讀者

過年在進行七福神巡禮時，只要前往一間神社，就能參拜完七福神真是讓人再高興不過了！建議自認體力不佳，或是工作繁忙到抽不太出時間的讀者們可以前往參拜下述神社。然而，七福神可能被供奉在這些神社的各個角落，因此參拜前，建議可先調查神祇們被供奉於何處後再行參拜。

集結一處的七福神一覽

成子天神社、 成子天神七福神	東京都新宿区西新宿8-14-10 ☎ 03-3368-6933 🚆 搭乘東京Metro地鐵丸之內線，從「西新宿」站步行約3分鐘
堀切天祖神社、 菖蒲七福神	東京都葛飾区堀切3-11-2 ☎ 03-3691-5539 🚆 搭乘京成本線，從「堀切菖蒲園」站步行約3分鐘
葛西神社、 葛西乃森乃七福神	東京都葛飾区東金町6-10-5 ☎ 03-3607-4560 🚆 搭乘JR常磐線，從「金町」站步行約10分鐘
熊川神社、 福生七福神	東京都福生市熊川660 ☎ 042-551-0720 🚆 搭乘JR五日市線，從「熊川」站步行約10分鐘
豐川稻荷東京別院、 豐川稻荷七福神	東京都港区元赤坂1-4-7 ☎ 03-3408-3414 🚆 搭乘東京Metro地鐵銀座線等，從「赤坂見附」站步行約5分鐘

⑤豐川稻荷東京別院

豐川稻荷七福神

豐川稻荷東京別院屬於寺廟，七福神中的弁財天更是豐川稻荷會深受演藝人士尊崇的理由之一。

③葛西神社

葛西乃森乃七福神

葛西神社不僅供奉著江戸川七福神的弁財天，更可於境內完成七福神巡禮。

④熊川神社

福生七福神

熊川神社原本只有供奉弁財天，其後逐漸加入其他六尊神祇，一同供奉於本殿。

②堀切天祖神社

菖蒲七福神

在前往堀切菖蒲園的路上可以看到佇立排列於路旁，高約三公尺的石像。

①成子天神社

成子天神七福神

隨時皆可參拜境內的七福神，在高十二公尺的富士塚更供奉有木花開耶姬。

「被誇譽為美人的水神」其實也是個合體之神

聽說名氣響亮的美人弁財天其實是個日印混血?!

與吉祥天激烈競爭後，勝出成為七福神中的一點紅

七福神中的唯一女性，弁財天的形象其實是來自日本神話中，宗像三女神的「市杵島姫命」與印度佛教的「弁才天」。兩位女神的共通關鍵字為「美麗的水之女神」。

弁才天本名叫Sarasvati，是位印度教的河神，主宰著財富、美麗與技藝。當奈良時代佛教傳入日本後，與民間信仰的水神形象結合，此後即被視為掌管水的神祇，受世人敬仰。宗像三女神自古便以掌管海洋、航運的美麗之神著稱，而弁才天則是擁有美貌，名聲極高的河神。兩者在結合後，更被尊崇為掌管福德財運、能讓技藝精進的女神，成了現在的「弁財天」。也或許是因為Sarasvati技藝表現上的形象深植人心，祂那彈奏琵琶的妖豔姿態更使其人氣扶搖直上。

在爭選進入七福神之列時，弁財天更大勝同為美人的吉祥天，坐穩七福神中那唯一女性的位置。

祈求身體各部位健康的最強參拜地圖

對於想要健康，或是讓身邊親友病痛痊癒的讀者，
當然就要祈求主宰你我身體的神祇了。
以正向積極的心情祈願，
才是健康過生活的第一步。

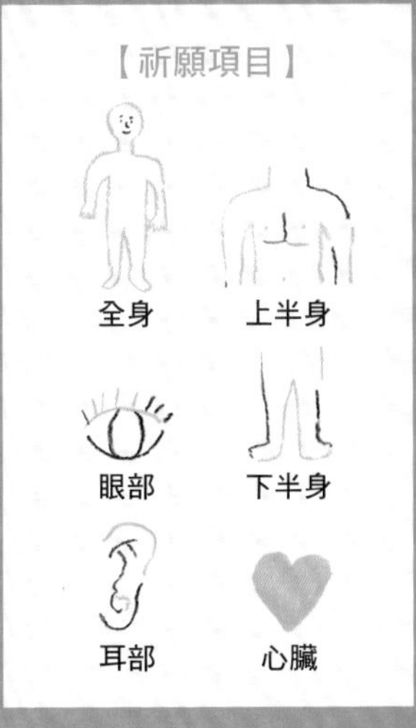

祈求身體各部位健康的最強參拜地圖

參拜完所有神社，讓你身心都舒暢！

深受江戶庶民尊崇的神祇 為你加強健康運勢！

東京都內有著許多自古便與健康相關的神祇，這些信仰多半來自江戶時代，庶民們深信在眾神的庇佑下，將能讓疾病痊癒。

當時江戶庶民最常祈求的，就是別發生讓生活在城鎮居民相當畏懼的「火災」及「瘟疫」。若將「火災」廣義視為「災害」，那麼也將是現代都市生活者會遇到的問題。

有了這層的歷史淵源，讓我們在走訪這些祈求健康、疾病痊癒的神社時，也能隱約察覺到江戶人昔日所留下的思維。

當然，在參拜神社的同時，也能參觀周邊許多相當具吸引力的熱門景點。

舉例來說，牛嶋神社比鄰東京晴空塔，淡島堂則是位於觀光名勝的淺草寺境內。新宿的稻荷鬼王神社坐鎮於歌舞伎町繁華區的一隅，內有八耳神社的赤城神社附近則是隨時飄散著高雅氛圍的神樂坂。供奉有目黑不動尊的大鳥神社更是自江戶時代以來，一路守護著目黑地區的發展。建議各位讀者可以抱著邊運動、邊參拜的心情走訪這些神社。

目黑不動尊，江戶庶民心中的遊覽名勝

「瀧泉寺」內供奉能夠化解各種災難的明王神。據說落語「目黑的秋刀魚」就是以瀧泉寺附近，參拜者休憩用的茶屋為故事舞台。

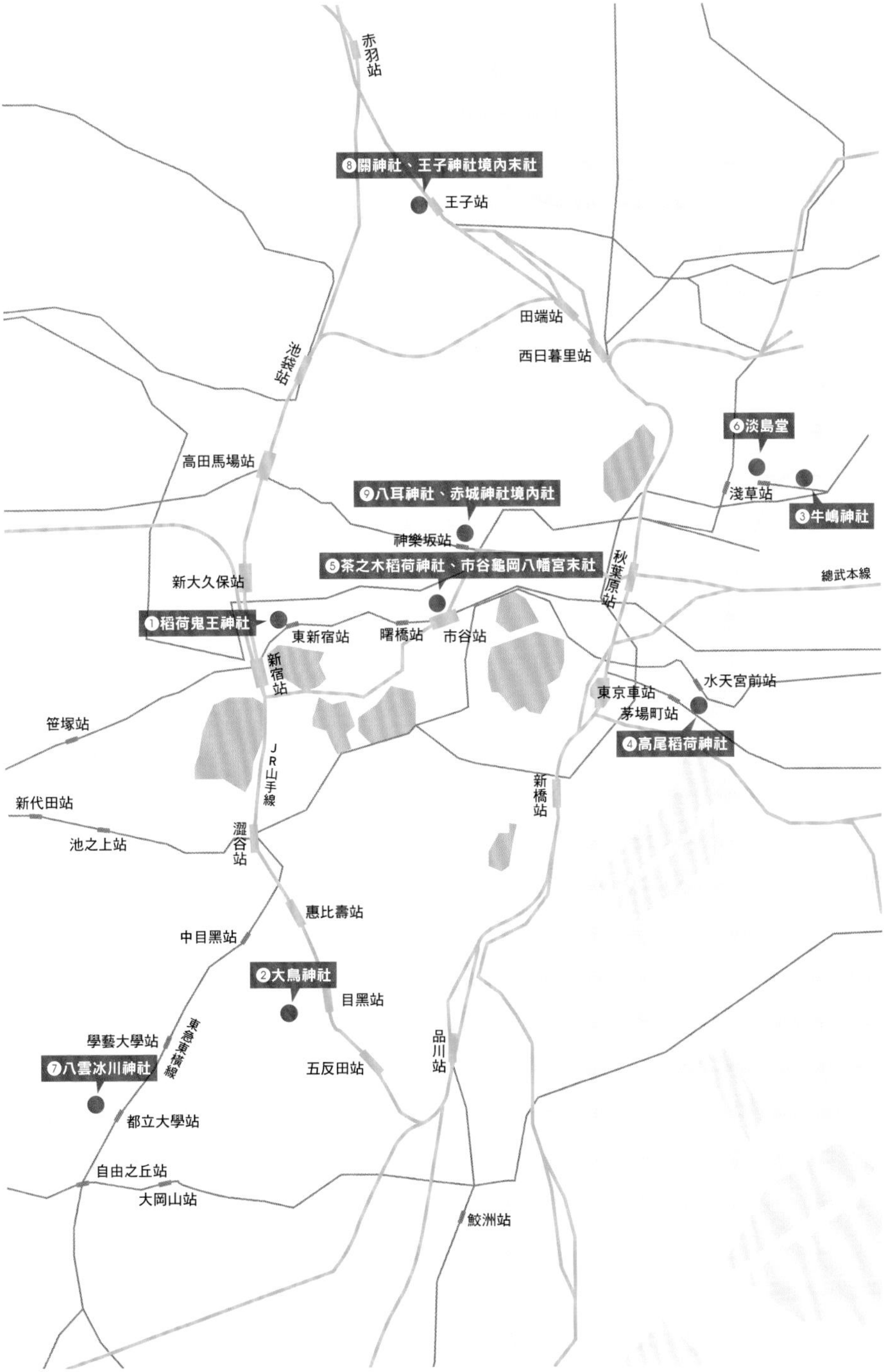

赤羽站
❽關神社、王子神社境內末社
王子站
田端站
西日暮里站
池袋站
❻淡島堂
高田馬場站
❾八耳神社、赤城神社境內社
淺草站
❸牛嶋神社
神樂坂站
❺茶之木稲荷神社、市谷龜岡八幡宮末社
秋葉原站
總武本線
新大久保站
❶稲荷鬼王神社
東新宿站
曙橋站
市谷站
新宿站
水天宮前站
東京車站
茅場町站
❹高尾稲荷神社
笹塚站
JR山手線
新橋站
新代田站
池之上站
澀谷站
惠比壽站
中目黑站
❷大鳥神社
目黑站
東急東橫線
學藝大學站
❼八雲冰川神社
品川站
五反田站
都立大學站
自由之丘站
大岡山站
鮫洲站

讓鬼中之王消除所有災禍，治退病魔！

稻荷鬼王神社

P95 MAP-1

一般提到鬼時，雖然都會讓人認為是惡靈的化身，與惡魔畫上等號。但稻荷鬼王神社所供奉的，卻是自古具備強大能量，能化解所有災禍的「驅逐惡靈之鬼」。

會稱為「鬼王」乃因其為眾鬼中的「大王」，據聞對治癒各種疾病，特別是濕疹及腫脹更為靈驗。

此外，若為鬼王準備豆腐作為供品，聽說對疾病痊癒也非常靈驗。這時，傳聞病患（或是代理病患之人）只要發願不吃豆腐，並以神社求來的「撫守」碰觸患部就能治癒疾病。祈願時所拿到的「撫守」必須經事前申請，社方只會將撫守授予能夠虔誠發願不吃豆腐之人。

御朱印

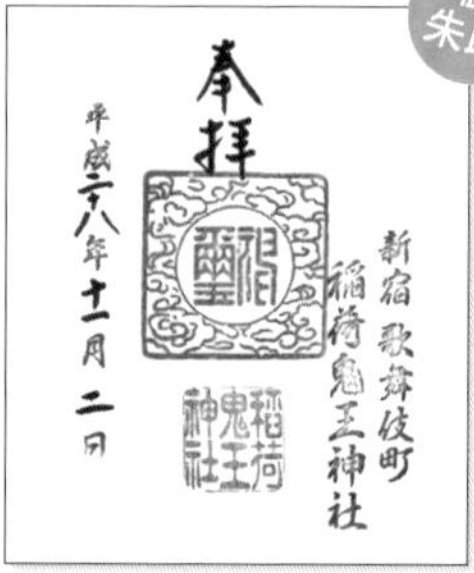

祭祀神祇

宇賀能御魂命、月夜見命、大物主命、天手力男命

祈願項目

疾病痊癒、身體健康、開運招福、生意興隆

Information

東京都新宿区歌舞伎町2-17-5

☎ 03-3200-2904

搭乘都營大江戶線，從「東新宿」站步行約4分鐘

靠梳子的能量驅趕帶來成人病的惡靈及鬼怪！

大鳥神社

大鳥神社供奉有五穀豐收之神的日本武尊，在祈求治癒眼疾方面聽說非常靈驗。

此神社的由來據聞是日本武尊東征之際，向此處的產土神（日本守護土地的神祇）祈願戰事能夠告捷，並獻上山葡萄果實，讓祈求部下眼疾能夠痊癒的心願得以實現。日本武尊也因此被稱譽為「盲神」。

境內的「櫛塚」在『古事記』神話中也有提到，據說櫛（梳子）的神力對預防糖尿病、成人病、失智症相當靈驗。櫛又被寫作「奇」（兩字日文皆為くし），因此帶有除魔威力。

另一方面，能夠得到境內供奉的日本武尊庇佑、招來福氣，以及讓生意興隆的酉市祭典也相當具知名度。

祭祀神祇
日本武尊、國常立尊、弟橘姬命
祈願項目
解厄開運、疾病痊癒、
生意興隆、締結姻緣

Information
東京都目黒区下目黒3-1-2
☎ 03-3494-0543
搭乘JR山手線等，從「目黑」站步行約8分鐘

P95 MAP-❷

當身體哪處病痛時，摸摸撫牛的相同部位據說很有幫助！

牛嶋神社

境內拜殿兩側等處放有共計四尊的牛像，其中，拜殿右前方屋簷下是隻掛有紅圍兜，讓人印象極為深刻的臥姿牛像，許多前來牛嶋神社的參拜者都是為了向這隻牛像祈求身心靈的病痛痊癒。

牛嶋神社自古便被稱為「牛御前社」，據聞自江戶中期就開始供奉於此，「撫牛」的響亮名號更是傳至今日。身體哪處有病痛時，聽說撫摸牛像的相同部位後，就能治療疾病，不只對身體疾病有效，就連心病也有辦法治癒。

此外，據說只要小孩使用祭拜過的圍兜，就能健康順利長大。

祭祀神祇
須佐之男命、天之穗日命、
貞辰親王命
祈願項目
疾病痊癒、健康長壽、
順產育子、締結姻緣

Information
東京都墨田区向島1-4-5
☎ 03-3622-0973
搭乘都營淺草線，從「本所吾妻橋」站步行約3分鐘

P95 MAP-❸

御神體的頭蓋骨靈力能解決你的頭頂煩惱、頭痛及心臟問題！

高尾稻荷神社

P95 MAP-④

高尾稻荷神社將頭蓋骨奉為御神體祭祀，並與美女之靈結合，被封為能夠治癒疾病的神祇，據說在解決與腦袋有關的惱人問題（頭痛、精神官能症、毛髮稀疏等）上相當靈驗。自古信眾在祈願時，會先商借一把梳子，並早晚參拜，當心願達成時，就必須再添附上另一把梳子回奉神祇。

高尾稻荷神社的起源為萬治2年（西元1659年），新吉原遊女的高尾太夫（第二代）不斷拒絕仙台藩主伊達綱宗示好，震怒的伊達將高尾斬首後流放大河。據說遺體漂流到了高尾稻荷神社現址附近，當地居民同情高尾的遭遇，便將其奉為高尾大明神予以祭拜。

祭祀神祇

高尾大明神（高尾太夫）

祈願項目

解決頭頂問題（頭痛、毛髮稀疏等）、心臟疾病痊癒、締結姻緣

Information

東京都中央区日本橋箱崎町10-7

☎ 未提供

🚆 搭乘東京Metro地鐵半藏門線，從「水天宮前」站步行約9分鐘

發願禁茶 聽說對治療眼疾非常靈驗！

茶之木稻荷神社、市谷龜岡八幡宮末社

P95 MAP-⑤

據說昔日祈求疾病痊癒的江戶百姓中，最常遇到的就是罹患眼疾之人。在『江戶名所花曆』（於江戶時代後期推出，介紹江戶市各類花景名勝的書籍）中，茶之木稻荷神社供奉的神祇被稱為眼疾之神，『東都歲時記（介紹江戶每年例行活動儀式的書籍）』也曾提到此處是江戶地區造訪人潮相當多的稻荷神社之一。

本社的起源是至今約莫一千年前，空海*在名為稻荷的山丘上創建而來。據說此處稻荷大神的白狐神使曾經不慎將茶樹枝戳入眼睛，進而衍生為若要心想事成，就必須「發願不喝茶」的習俗。

特別是患有眼疾之人，聽說發願17天或3×7天＝21天不喝茶的話，對治療眼疾更是靈驗。

祭祀神祇

稻荷大神、保食神

祈願項目

眼疾痊癒、生意興隆、技藝精進

Information

東京都新宿区市谷八幡町15

☎ 03-3260-1868

🚆 搭乘JR總武線等，從「市谷」站步行約3分鐘

＊日本古代佛教僧侶，謚號弘法大師

能解決女性的婦科疾病，在祈求得子及順產更是靈驗

淡島堂

淡島明神就是日本神道中，人稱醫藥、醫療之神，知名度相當高的少彥名命，自古便被稱為「淡島神」，深受庶民敬仰。據說淡島明神對化解女性婦科疾病之苦非常靈驗，因此在江戶時代被女性們尊奉為守護神，擁有崇高地位。對於祈求下半身疾病痊癒的女性，或是祈求順產、求子及縫紉功力進步等女性願望更是靈驗。

聽聞淡島堂的起源是江戶時代元祿年間（西元1688～1703年），深信淡島明神的人們從紀州加太（和歌山市）的淡嶋神社恭迎分尊，並於淺草寺一隅設堂供奉。

P95 MAP-6

祭祀神祇

淡島明神、阿彌陀如來、虛空藏菩薩

祈願項目

婦科疾病痊癒、祈求順產、得子、縫紉功力進步

Information

東京都台東区浅草2-3-1

☎ 03-3842-0181（淺草寺）

搭乘東京Metro地鐵銀座線等，從「淺草」站步行約5分鐘

御神木強大的治病力量就蘊藏在符咒之中

八雲冰川神社

自江戶時代起，八雲冰川神社便被人敬稱為「消除痙攣病之神」。這裡指的痙攣病，是胸部或腹部突發性痙攣所引起的劇烈疼痛症狀總稱。由於病因不明，因此當時的人也只能仰賴神明力量，據說更有遠自相模（日本古代行政區之一，位置相當於現在的神奈川縣）及下總（日本古代行政區之一，位置相當於現在的千葉縣北部及茨城縣西南部）的居民前來參拜。

神社境內在江戶時代種有一顆樹齡達千年的御神木橡樹，據說，熬煮的橡樹樹皮水對治療疾病很有效。然而橡樹早已枯萎，目前僅將樹根予以保存祭祀。

此外，更聽說若將神社所提供的符咒撕成小塊慢慢服用，對治癒疾病也是非常有效。

P95 MAP-7

祭祀神祇

須佐之雄命、稻田姬命、大己貴命

祈願項目

疾病痊癒、化解厄運、締結姻緣、生意興隆

Information

東京都目黒区八雲2-4-16

☎ 03-3717-1601

搭乘東急東橫線，從「都立大學」站步行約8分鐘

讓人稱「毛髮祖神」的神祇為你解決頭頂煩惱！

關神社、王子神社境內末社

P95 MAP-⑧

關神社供奉的神祇為平安時代皇族，同時也是以百人一首為後人熟知的歌人（日本傳統詩歌的和歌創作者）蟬丸法師，正式的神祇之名為關蟬丸，因精通琵琶及和歌，因此人稱音曲、技藝之神。由於蟬丸法師的姐姐，逆髮姬有著頭髮倒插煩惱，蟬丸法師特命侍女古谷美女製作「假髮」，使得蟬丸法師除了人稱「音曲技藝之神」外，也被敬奉為「毛髮祖神」。

關神社的本社為滋賀縣大津市的關蟬丸神社，現在除了演奏琵琶、琴等歌曲製作人士、時代劇影集或電影專業人士外，也會有美髮業人士，甚至受頭頂煩惱所苦之人特地前來參拜祈願。

祭祀神祇

關蟬丸、逆髮姬、古谷美女

祈願項目

守護毛髮、技藝進步、生意興隆

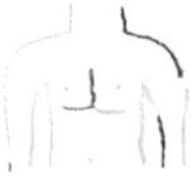

Information

東京都北区王子本町1-1-12

☎ 03-3907-7808

搭乘JR京濱東北線等，從「王子」站步行約3分鐘

正因聖德太子那敏銳的雙耳，只要是耳疾問題當然就要找八耳神！

八耳神社、赤城神社境內末社

P95 MAP-⑨

你我所熟知的聖德太子為何被稱為耳神？最主要的理由在於太子的別名為「上宮厩戸豐聰八耳命」，因此人稱「八耳神」。此外，身為木匠祖神的太子更發揮了敏銳的聽力，讓江戶時代的老百姓深信，只要有耳疾問題，就一定要信仰聖德太子。

除了耳疾問題外，聖德太子也能幫助解決惱人之事，據說在祈願時，只要先覆誦「八耳神」三次後予以參拜，不僅能得到聰明智慧，還能受太子加持，讓疾病痊癒，甚至有病患每天前往參拜。在尚未因二次大戰摧殘燒毀前，八耳神社又被稱為「太子堂」。

祭祀神祇

上宮之厩戸豐聰八耳命（聖德太子）

祈願項目

疾病痊癒、身體健康、增長智慧

Information

東京都新宿区赤城元町1-10

☎ 03-3260-5071

搭乘東京Metro地鐵東西線，從「神樂坂」站步行約1分鐘

寵物守護神的最強參拜地圖

讀者們一定也希望猶如家人的寵物也能受到神祇庇佑，
本章節將介紹關東地區供奉有寵物守護神的神社，
不僅能加深人與寵物間的羈絆，更能祈求毛小孩們健康有活力。
部分神社更開放寵物進入，因此別錯過與寵物們一同參拜的機會！

【祈願項目】

狗　貓

寵物守護神的最強參拜地圖

加深與愛犬、愛貓及其他動物之間的羈絆

除了能庇佑愛犬健康與長壽，還有辦法將走失的貓咪找回！

本章節要介紹的神社非常適合喜愛寵物的讀者，除了有東京市區的參拜景點外，也有位於奧多摩的神社。自古以來，就算是家中飼養的貓狗（即便飼主將其視為家人般重要）也無法一同攜往神社佛寺參拜，讓喜愛寵物之人感到萬分可惜。

然而，現在出現了不少神社鼓勵民眾與寵物貓狗一同參拜，與過去相比，能夠攜帶寵物進入的神社數量逐漸增加。部分神社更供奉著專門守護寵物的神祇，或是庇佑參拜者能盡快找到走失的寵物貓。

其中，三光稻荷神社不僅能參拜寵物守護神，還能步行欣賞日本橋一帶的風光。比鄰豐川稻荷東京別院的美喜井稻荷神社是前往清水谷公園或新大谷飯店時的順路景點。此外，距離JR市谷站非常近的市谷龜岡八幡宮則能步行前往靖國神社。

接著建議讀者可抱著輕鬆愉快的健走心情，遠離市區塵囂，在參拜武藏御嶽神社的同時，也好好享受奧多摩的自然美景。既然是參拜寵物的守護神，當然就要帶著心愛的毛小孩一同前往。

許多神社已開放民眾攜帶寵物入內參拜

一般會禁止寵物陪同進入，但有些神社對寵物採歡迎態度，可散步於境內，還可一同參拜。每間神社規定不同，建議前往時詳加確認。

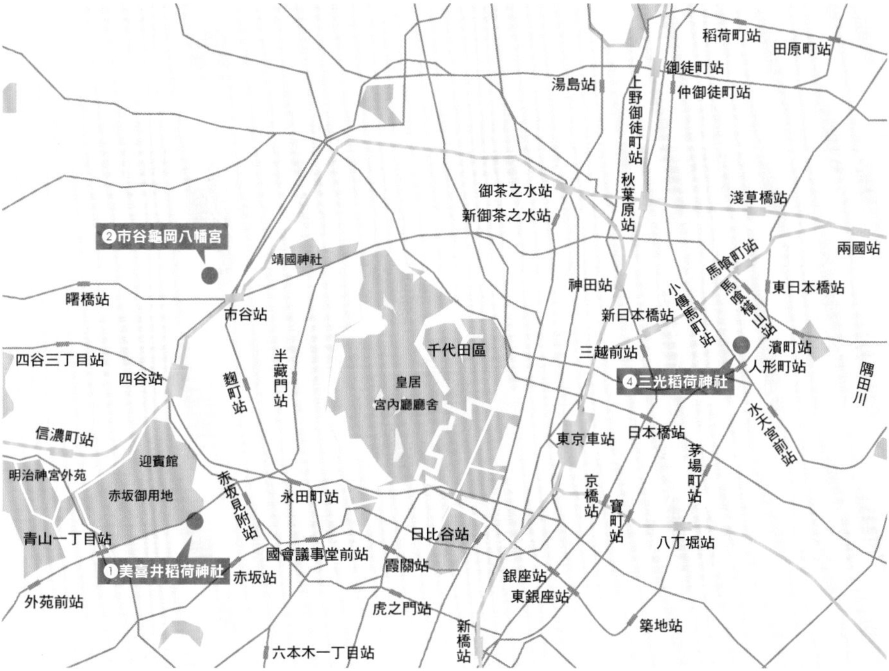
稻荷町站
田原町站
御徒町站
湯島站
上野御徒町站
仲御徒町站
御茶之水站
秋葉原站
淺草橋站
新御茶之水站
❷市谷龜岡八幡宮
兩國站
靖國神社
馬喰町站
神田站
小傳馬町站
馬喰橫山站
東日本橋站
曙橋站
市谷站
新日本橋站
濱町站
千代田區
三越前站
四谷三丁目站
人形町站
半藏門站
皇居
❹三光稻荷神社
四谷站
麴町站
宮內廳廳舍
隅田川
日本橋站
水天宮前站
信濃町站
東京車站
迎賓館
茅場町站
明治神宮外苑
赤坂見附站
京橋站
赤坂御用地
永田町站
寶町站
日比谷站
八丁堀站
青山一丁目站
國會議事堂前站
❶美喜井稻荷神社
霞關站
赤坂站
銀座站
東銀座站
外苑前站
虎之門站
築地站
新橋站
六本木一丁目站

古里站
JR青梅線
川井站
惣岳山
白丸站
澤井站
青梅市
二俣尾站
御嶽站
石神前站
西摩多郡
日向和田站
宮之平站
青梅站
❸武藏御嶽神社
麻生山
大岳山
日之出町
日之出町公所
武藏五日市站

沒有狐狸，卻四處可見貓石像，愛貓人士必拜的貓咪守護神

美喜井稻荷神社

P103 MAP-1

從赤坂見附沿著青山通朝澀谷方向前進，美喜井稻荷神社就位在赤坂豐川稻荷東京別院對面的建物二樓。各位或許會心想「怎麼坐落於此？」並感到疑惑不已，但這卻也相當符合稻荷神「就在你我身邊」的形象。美喜井稻荷神社所供奉的神祇可是內行人才知道，尤以愛貓人士最為熟悉的「寵物貓守護神」。

據說美喜井稻荷神社會如此靈驗，是因為有著「從比叡山降臨，德高望重的神祇」。雖然此處為稻荷神社，但四處可見的，卻是貓咪而非狐狸，狛貓身後掛有「美喜井稻荷諸大眷神」的匾額，看來這裡是將貓咪視為稻荷神的使者。此外，雖然不甚清楚緣由為何，但境內可看到「祈願者禁食章魚」的說明文。

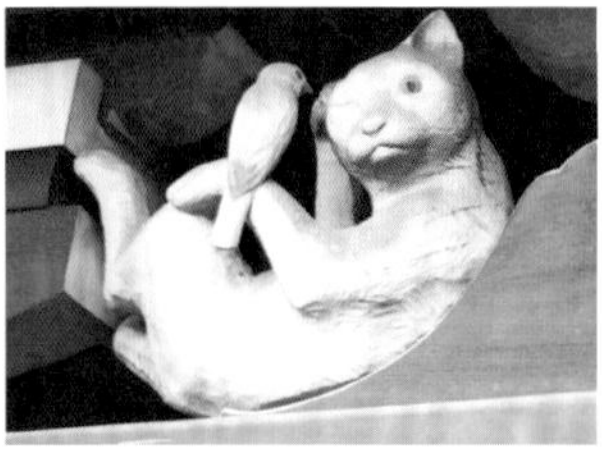

此處將貓咪視為稻荷神的使者。
也有人從火災現場搶救貓咪

祭祀神祇
稻荷神

祈願項目
庇佑寵物貓

Information
東京都港区赤坂4-9-19
☎ 未提供
搭乘東京Metro地鐵丸之內線等，從「赤坂見附」站步行約10分鐘

無論是毛小孩、小鳥，還是蜥蜴，都可以帶著心愛的寵物一同前往參拜

市谷龜岡八幡宮

P103 MAP-2

市谷龜岡八幡宮是守護寵物聞名的神社，電視節目播出了藝人帶著寵物前來參拜的畫面後，其知名度更是扶搖直上。市谷龜岡八幡宮會如此受到飼養寵物人士喜愛，除了因為類似性質的神社在日本仍相當少見外，市谷龜岡八幡宮更非常歡迎民眾攜帶寵物前來參拜，為關係猶如家人的寵物們祈禱。不僅有一般常見的貓狗，另也可看到兔子、小鳥、雪貂、蜥蜴、山羊等，只要是對飼主而言相當珍貴的寵物，都能夠一同參拜。除了平時的參拜外，此處更提供新年參拜、七五三、祈求健康、交通安全、平安長大等，寵物專屬的祈願服務。相關祈願需事前預約申請，建議讀者可先於神社網站詳讀注意事項後，再行前往參拜。

御朱印

祭祀神祇

譽田別命、氣長足姬尊（神功皇后）、與登比賣神

祈願項目

庇佑寵物、開運解厄、健康長壽、疾病痊癒、傷病恢復、手術成功

Information

東京都新宿区市古八幡町15

☎ 03-3260-1868

搭乘JR總武線等，從「市谷」站步行約3分鐘

讓預防失竊、除魔消災的狗兒守護神為愛犬的健康把關

武藏御嶽神社

P103 MAP-3

武藏御嶽神社供奉有能夠預防失竊、除魔消災的「大口真神」，自古便被尊稱為「犬神的御岳山」，深受關東地區的信眾敬仰。

最近更因「犬神（實際上為日本狼）」之名，讓祈求愛犬健康的參拜者人數增加。由於武藏御嶽神社位於奧多摩的御岳山（海拔高度929公尺）上，不少參拜者會以登山健走的心情，帶著心愛的寵物一同參拜。

社方雖未禁止寵物進入，但相信參拜者中仍有怕狗之人，因此神社也特別提醒前來參拜的民眾，務必遵守相關規定。

祭祀神祇
大口真神
祈願項目
庇佑寵物狗

Information
東京都青梅市御岳山176
☎ 0428-78-8500
🚆 搭乘JR青梅線，在「御嶽」站轉乘西東京巴士，於「纜車下（終點站）」下車，搭乘纜車至「御岳山」站後，步行約25分鐘

當愛貓走失時，就借助尋貓之神的力量將貓咪找回！

三光稻荷神社

P103 MAP-4

三光稻荷神社所供奉的，是自古人稱「協尋貓咪之神」，當找不到寵物貓時，只要祈願就能順利將貓尋回的神祇。

我們有時都會聽到愛貓走失找不回來的難過消息，而三光稻荷神社能為有著此特殊煩惱的民眾解決問題，這也使得來自日本全國各地的信徒郵件開始湧入，希望能庇佑家中愛貓。

入口通道的神社社標號，是由曾在此祈求愛貓尋回的信眾所捐贈。境內置有許多招財貓，這些招財貓都是順利將愛貓找回的信眾所供奉的回禮，為數之多更可看出三光稻荷神社相當靈驗。

祭祀神祇
三光稻荷大神
祈願項目
尋回走失貓咪

Information
東京都中央区日本橋堀留町2-1-13
☎ 未提供
🚆 搭乘東京Metro地鐵日比谷線等，從「人形町」站步行約5分鐘

祈求消災解厄的最強參拜地圖

「最近總覺得諸事不順…」
本章節將介紹化解厄運、斬斷孽緣極為靈驗的神社，
為你解決諸事不順的情況，以及消除面臨改變時內心的不安。
去了這些擁有強大能量的神社後，定能讓你放下心中大石。

【祈願項目】

斬斷孽緣、化解厄運

祈求消災解厄的最強參拜地圖

諸事不順時，就該除厄運、斬孽緣

切斷心中的那份羈絆及依戀，祈求自己順利再出發！

日本締結姻緣的神社之多，本書也分成兩條路線詳加介紹。但若說到專門化解厄運、斬斷孽緣的神社，不只東京地區為數稀少，就連日本全國各地也相當少見。在此筆者特別為各位介紹關東區域，提供相關祈願項目的參拜景點。

首先，在東京市區分別有位於板橋區，板橋本町商店街一隅的「緣切榎」，以及坐落八丁堀寧靜住宅區當中的於岩稻荷田宮神社，接著

是豐川稻荷東京別院境內的葉稻荷尊天。

日本頗具知名度的門田稻荷神社位於栃木縣足利市，該市更有著被列入日本國家指定史蹟的「足利學校（日本最古老的學校）」。三狐稻荷神社則位於以人形娃娃聞名的埼玉縣鴻巢市。若想前往茨城縣鹿嶋市的鹿島神宮，可以選擇搭乘從東京車站發車的客運巴士。在鹿嶋神宮附近另有因松尾芭蕉這位俳聖前來賞月，而聲名大噪的古剎——根本寺等景點。

百度石能許願、
也能化解厄運

虔誠希望心願實現時，只要多次參拜，最終真能讓願望成真的「百度參拜」，據說對化解煩惱及厄運也非常靈驗。

祈求斬孽緣及戒惡習，就能讓你重新出發的「日本三大緣切稻荷」！

門田稻荷神社

P109 MAP-❶

據說只要祈求斬孽緣或戒惡習，門田稻荷神社的神祇就能為你解開惱人的羈絆，並帶來新的相遇及開始，因此人稱「緣切稻荷」。無論是想解決男女情事、人際關係煩惱，或是讓疾病改善、改掉菸酒賭博等惡習者，許多參拜者都會前來門田稻荷神社祈求加持，希望自己能擁有開啟嶄新人生的正向力量。境內最讓人印象深刻的，當然就是參拜者寫有希望能斬斷「不正常」三角戀情等，與男女之情相關的繪馬。

門田稻荷神社坐落於源義家建來祈求戰勝的下野國一社八幡宮境內，自古以來便相當靈驗，同時與京都伏見稻荷大社、東京緣切榎同列「日本三大緣切稻荷」。

御朱印

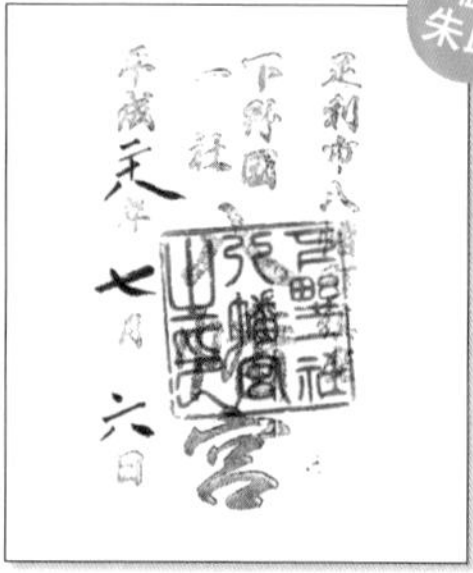

祭祀神祇

倉稻魂神

祈願項目

斬孽緣、戒惡習、結良緣、開運、生意興隆、無病消災、闔家平安、順產

Information

栃木県足利市八幡町387

☎ 0284-71-0292（下野國一社八幡宮）

搭乘東武伊勢崎線等，從「足利市」站步行約23分鐘

四谷怪談中的「阿岩」其實是「貞女之鑑」！

於岩稻荷田宮神社

P108 MAP-2

於岩稻荷田宮神社是與四谷怪談的「阿岩」淵源極深的神社。真實世界的阿岩不僅勤勞，更虔誠信奉宅邸的稻荷神，在神祇庇佑下，讓原本貧困的生活得以改善，因此又被譽為「貞女之鑑」。

在阿岩過世後，後人不僅將其視為福神，能夠化解厄運、招來財富與幸福，更將阿岩合祀於其自身視為守護神的稻荷社內。

當時，於岩稻荷田宮神社便以祈求闔家平安、家運興旺及締結姻緣聞名，在阿岩過世約莫兩百年後，每當上演《東海四谷怪談》（鶴屋南北之作）之際，歌舞伎演員更會向阿岩祈求演出順利、技藝精進，直至今日也深受尊崇。東京豐島區西巢鴨的妙行寺現今仍奉有阿岩及田宮家的歷代墓碑。

神社境內還有中央區指定有形文化財的鳥居及百度石，據説撫摸石頭後，就能化解厄運。

祭祀神祇

豐受比賣命（豐受大神=稻荷神）、田宮於岩命

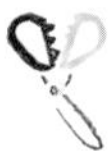

祈願項目

化解厄運、祈求良緣、開運招福、家庭美滿、平安順遂等

Information

東京都中央区新川2-25-11

☎ 未提供

🚇 搭乘東京Metro地鐵日比谷線等，從「八丁堀」站步行約10分鐘；或是從東京車站搭乘都營巴士，從「新川二丁目」站步行約3分鐘

連皇女和宮也畏懼三分的斬姻緣神力！

緣切榎

P109 MAP-③

「緣切榎」之樹在「斬斷男女緣分」的神力強大，讓幕府末期的皇女和宮在出嫁時，也刻意繞行避開此樹。

江戶時代地誌《新編武藏風土記稿》中記載，緣切榎是能夠「斷絕世間男女孽緣」的靈樹，據說只要向緣切榎祈願，就一定能達成心願。自古以來，除了有眾多男女前來祈求斬斷孽緣外，隨著時代變遷，更有許多參拜者相信「斷惡招善」，於此祈求遠離難治之症。

由於緣切榎境內未設置授予所，因此需前往附近的榎大六天神奉贊會才能購得繪馬。

祭祀神祇
榎之樹靈

祈願項目
斬孽緣、戒酒、締結姻緣、疾病痊癒

Information
東京都板橋区本町18
☎ 未提供
🚆 搭乘都營三田線，從「板橋本町」站步行約5分鐘

東京市區的斬姻緣神社也能夠消災解厄、帶你度過難關！

葉稻荷尊天、豐川稻荷東京別院

P108 MAP-④

在赤坂的豐川稻荷東京別院境內有數間稻荷社，排滿了許多旗幟。光是前往參拜就能感受到信眾們心中的那份虔誠，讓我們的身體似乎也接收到某種神祕能量。

在諸多稻荷神中，葉稻荷尊天被供奉於境內深處，這裡同時也是東京都內知名卻相當少見的斬姻緣神社。

世人相信，葉稻荷尊天不僅能斬斷孽緣，還能化解孽緣所帶來的各種難關及災難，當然也有信眾來此祈求開運招福。

祭祀神祇
葉稻荷尊天

祈願項目
斷緣分、斬孽緣、開運招福

Information
東京都港区元赤坂1-4-7
☎ 03-3408-3414
🚆 搭乘東京Metro地鐵銀座線等，從「赤坂見附」站步行約5分鐘

三狐代司稻荷神之職，為你結良緣、斬孽緣

三狐稻荷神社、鴻神社境內社

P109 MAP-5

三狐稻荷神社供奉有天狐、地狐、人狐，能夠斬孽緣、結良緣。三狐稻荷神不僅在祈求戀情、婚姻、考試、就業及擁有良好人際關係上非常靈驗，更能夠助人戒掉惡習，以及斷絕不好的人際關係，因此吸引許多信眾前來參拜。

「三狐」日文也可讀為「ミケツ」，祂們在各種場合代理稻荷神，解救受到各種孽緣所苦之人，以及庇佑祈求良緣者。

一般而言，狐狸的身分多半為「稻荷神的使者」，但在三狐稻荷神社可是將狐狸視為神祇，極為尊崇。各位不妨也在小小的狐狸擺飾上寫入心願，供奉於神社境內吧！

祭祀神祇

三狐稻荷神（天狐、地狐、人狐）

祈願項目

斬孽緣、戒惡習、結良緣、開運、生意興隆

Information

埼玉県鴻巣市本宮町1-9

☎ 048-542-7293

搭乘JR高崎線，從「鴻巢」站步行約8分鐘

在面對人生轉折點時，將會壞事的孽緣切得一乾二淨！

鹿島神社

P109 MAP-6

鹿島神社供奉的武甕槌命在『讓國神話』中，以天照大神使者之姿降臨人間，並與當時握有統治權的大國主命交涉，成功讓大國主命完全地交出國家。武甕槌命本被奉為刀劍之神，到了近代後，更被尊崇為軍神及戰事守護神，是擁有強大能量的神祇。

武甕槌命的御神體威力之強大，竟能讓閃電劃破天際，因此被認為具有「切斷」事物的神力。此外，武甕槌命破邪之劍的神力還能斬斷讓人煩惱痛苦的孽緣，據說對於面對人生轉折點之人更是靈驗。

祭祀神祇

武甕槌大神

祈願項目

化解厄運、出人頭地、開運、勝利運、事業運、武道精進

Information

茨城県鹿嶋市宮中2306-1

☎ 0299-82-1209

從東京車站八重洲南口搭乘客運巴士，約需2小時的路程

讓你心想事成
解決煩惱
的神社

日本神祇在面對參拜者所提出的願望時，
都會仔細傾聽、謹慎應對，
這也讓世人自古便非常尊崇諸神。
當然，神祇也會確實解決掉
每個人心中所煩惱的各種問題。

只要收在
衣櫃中，
就能讓你的和
服件數不斷增加

想嫁入豪門？就一定要購買芝大神宮的「千木箱」！

結婚對象的財力雄厚常被作為女性祈求幸福之物！

芝大神宮的御守『千木箱』（1200日圓）歷史悠久，據說從人稱江戶灰姑娘，首位「飛上枝頭變鳳凰」的春日局參拜時就已經存在，直至今日仍相當有人氣。『千木箱』為芝大神宮所特有，仿照祭典時，用來盛裝當季水果的容器設計，是高度約十公分，體積略大的御守。

「千木」的日文發音同「千著」，帶有「和服件數增加」＝「結婚對象的財力雄厚」含義，常被作為祈求幸福之物，深受女性歡迎。

Information
東京都港区芝大門1-12-7
☎ 03-3431-4802
搭乘都營大江戶線等，從「大門」站步行約1分鐘

大學生的救世主！想要畢業前就找到工作，當然就要拜「前鳥神社」！

想要找到心中理想工作的讀者不妨前來參拜看看！

能夠庇佑你成功就業及取得證照的神祇！

前鳥神社的前鳥大神人稱「就業之神」，是日本首位開啟學問之路，引進中國古代的產業技術，為經濟發展帶來貢獻，創造諸多就業機會的神祇。對於想要找到心儀工作，或是順利取得職業證照者，前鳥大神可說是這方面的專業神祇。前鳥神社販售的「就勝守」御守也提供郵寄服務，歡迎居住地較遠的信眾可多加利用。

Information

神奈川県平塚市四之宮4-14-26

☎ 0463-55-1195

🚆 搭乘JR東海道本線，在「平塚」站轉乘巴士，於「前鳥神社前」站下車後，步行約3分鐘。

不只能庇佑順產，竟然還能增強精力？！有關性方面的煩惱就交給「客人大權現」（現白髭神社）

御神體為男性生殖器石像，能庇佑女性的姻緣與求子

在江戶時代，此處所供奉的神祇能庇佑演藝人員、遊廓、餐飲等服務業上門的客人源源不絕。御神體之一為男性生殖器石像，據說對女性姻緣、求子、順產等心願相當靈驗，擁有廣大信眾。客人大權現不僅受到從事聲色產業之人的信仰，對花柳病也極有貢獻，來到近代後，更被認為能夠增強精力、解決世人性方面的煩惱。

內行人才知道只要誠心祈求就能為你帶來滿滿的幸福

Information

東京都葛飾区東四つ木4-36-18

☎ 03-3692-0753

🚆 搭乘京成電鐵押上線，從「四木」站步行約7分鐘

戒酒、戒菸、戒惡習……想要改掉壞習慣的話，不妨造訪供奉有人稱「忌宮」的來宮神社！

禁物信仰讓人
不再迷惘
成功改掉惡習
者不在少數

確實遵守與神祇的約定，即能確保身心健全！

「來宮（きのみや）」日文發音同「忌之宮」，自古對戒酒、戒菸、戒賭、戒毒、戒惡習，甚至是戒掉阻礙減肥的甜食非常靈驗。來宮神社原本是以「戒酒」聞名，時至今日，每天仍會有祈求順利戒酒之人前來參拜。境內樹齡超過2000歲的御神木「大楠」為強大的能量景點，據說邊許願邊繞行神木一周將能幫助願望實現。

Information
靜岡県熱海市西山町43-1
☎ 0557-82-2241
搭乘JR伊東線，從「來宮」站步行約3分鐘

既然是「美女神社」，當然就能變身成如社名般的大美女！

此處供奉的神祇
顏值極高，
是人稱美麗之神
的知名女神

讓你的肌膚有如孩童般光滑帶潤澤

美女神社供奉有顏值極高的市杵島姫命，這位女神可是世人心目中能實現追求「美麗」心願的神祇，因此取作「美女」神社也是實至名歸。然而，市杵島姫命原為孩童的守護神，據說對治療水泡及麻疹極為靈驗，不僅能讓疾病痊癒，還能撫平發疹後的痕跡，讓孩童保有光滑潤澤的肌膚。時至今日則被認為能讓信眾變身成為美人，擁有亮麗美肌之神。

Information
埼玉県朝霞市田島2-16-33
☎ 048-471-3401（神明神社）
搭乘東武東上線，在「朝霞」站轉乘國際興業巴士，於「朝霞田島」站下車後，步行約1分鐘

不只找人靈驗，就連遺失物品也能順利找回 湯島天滿宮的「奇緣冰人石」

尋人公佈欄搖身一變 負責牽起人物間的緣分

奇緣冰人石原本是將寫有走失孩童名字的紙張貼於其上的「尋找失蹤兒佈告欄」。日文的「奇緣」帶有牽起人際關係之意，由於對「締結緣分」相當靈驗，因此除了能幫助締結姻緣外，更有參拜者前來尋找遺失物品。奇緣冰人石能牽起與陌生人間的緣分，這對想戀愛的讀者可是再需要不過。想要有交往對象，或是在尋找物品之人，不妨前來參拜這塊充滿神力的奇石吧！

能為你我牽起與重要之人或重要之物間的緣分。

Information
東京都文京区湯島3-30-1
☎ 03-3836-0753（湯島天滿宮）
🚆 搭乘東京Metro地鐵千代田線，從「湯島」站步行約2分鐘

在面對最重要的時刻，請賜予一個晴朗天氣！「氣象神社」讓你不再是雨男雨女！

老是被叫雨男雨女之人、心有不安之人，不妨到氣象神社解決煩惱

讓主宰氣候變化的神祇 為你「放晴」運勢

相信在面對旅行或舉辦活動等期待已久的時刻，不少讀者會自認是打亂好天氣的「雨男」或「雨女」。想要擺脫壞運氣的讀者，不妨前來「氣象神社」參拜，主宰氣候變化的神祇將能為你提升運勢。氣象神社的吉祥人物為「晴天小子」，參拜者也可於「拖鞋繪馬」寫入祈求心願。

Information
東京都杉並区高円寺南4-44-19
☎ 03-3314-4147（高圓寺冰川神社）
🚆 搭乘JR中央線等，從「高圓寺」站步行約2分鐘

想要手藝變好，不妨參拜「高家神社」！

不想做菜失敗、想端出一桌美味料理的人…

向日本料理祖神祈願，讓你擁有做出好菜的自信！

「高家神社」供奉著日本神祇中，相當少見的料理之神「磐鹿六雁命」，不僅是使用菜刀之人的祖神，更是料理餐廳、醬油等調味料生產業者的守護神。

據說日本第十二代的景行天皇出巡淡島時，隨侍在側的磐鹿六雁命將自己釣來的魚貝類烹調獻給天皇享用，讓景行天皇龍心大悅。立志成為廚師及餐飲業界人士會前來參拜。「廚藝精進御守」（800日圓）深受適婚女性歡迎。

Information

千葉県南房総市千倉町南朝夷164

☎ 0470-44-5625

搭乘JR內房線，從「千倉」站步行約25分鐘

女性必看！千萬別錯過人稱「美白神社」的「上神明天祖神社」！

超能神力幫你心想事成、消災招福！

「上神明天祖神社」被稀有神社迷尊奉為聖地，更供奉有手作感十足的白稻荷神及龍（！），相當獨樹一格的神社。這裡供奉人稱「東京白蛇神」的白蛇大神及弁天神的龍神使，日文「己が辰（たつ）」意指「出人頭地」，不僅能多方庇佑參拜者，據聞還能幫助美白，非常吸引女性。此外，聽說只要撫摸新擺設的白色「撫蛇」像後再行參拜，就能實現成為「美人」的願望。

輕鬆參拜就能滿足多種需求

Information

東京都品川区二葉4-4-12

☎ 03-3782-1711

搭乘東急大井町線等，從「中延」站步行約5分鐘

招待客戶前不可不拜！「鷲神社」讓你的小白球功力突飛猛進。

讓你以Eagle（意同日文的「鷲」）成績贏得高爾夫球賽不再只是夢想

高爾夫球雜誌上也曾報導的「一桿進洞」！

「希望今年能夠破百！」、「希望能打個人賽！」、「希望工作上陪打小白球的技術能更好…」，鷲神社將能實現你這些願望。鷲神社的「鷲」英文為「Eagle」。此處還可購買到能幫助打球技術精進、擊球距離拉長的「高爾夫御守」。據說自從許多注重健康的女性開始玩起小白球這項運動後，「高爾夫御守」就變得相當有人氣。

Information
東京都台東区千束3-18-7
☎ 03-3876-1515
搭乘東京Metro地鐵日比谷線，從「入谷」站步行約7分鐘

「小野照崎神社」的神力在那位「阿寅」拜過之後，也如願爆紅！

讓神祇的超強念力為你的事業運加分，順利出人頭地

男星渥美清參拜後，向神祇誠心發願

在電影『男人真命苦』中，飾演車寅次郎的男星渥美清，在仍是個無名小卒時，完全沒有演出機會之際，接受了友人提議，前往參拜小野照崎神社。聽說當時渥美清發願，只要讓他有演出機會，他就會戒掉這輩子最愛的香菸，其後渥美清便立刻獲得演出阿寅的機會，順利一舉成名。小野照崎神社供奉的神祇，原本是以祈求學問及技藝著稱，如今更被認為能增強事業及勝利運勢。

Information
東京都台東区下谷2-13-14
☎ 03-3872-5514
搭乘東京Metro地鐵日比谷線，從「入谷」站步行約3分鐘

想要擁有零缺失的黃金駕照？那就要參拜龜池八幡宮境內社，金碧輝煌的「黃金神社」

金光閃閃的鳥居及祠堂猶如優良駕駛人的金牌

週末或假日等著祈求行車平安的車輛可是大排長龍！

以日文片假名為名的神社除了特別新奇外，那金碧輝煌的鳥居及祠堂讓人都會誤以為黃金神社應該與金錢有高度相關。但仔細觀察後，會在鳥居旁發現插有「交通安全祈願」的旗幟。其實黃金神社是座祈求交通安全的神社，庇佑駕駛人能夠拿到黃金駕照，達成零缺失、零事故目標。特別是在初春之際，幼稚園娃娃車、消防車、救護車會特別前往黃金神社祈求行車平安。

Information
神奈川県相模原市中央区上溝1678
☎ 042-751-1138（龜池八幡宮）
🚆 搭乘JR相模線，從「上溝」站步行約10分鐘

據說能讓縫紉功力進步！淺草寺的「淡島堂」為你的女性魅力加分

據說在祈求手藝進步等，與女性相關之事上特別靈驗

二月八日的「針供養」會吸引許多女性前來參與

「淡島神」雖自古便是女性的守護神，更以庇佑女性下半身疾病盡速治癒最為靈驗，但主要是被尊奉為縫紉之神，每年二月八日的「針供養」更會吸引許多女性前來參與。這時信眾會將久經使用斷損的針插入軟嫩豆腐中，除表達感謝之意外，更祈求今後的縫紉功力能更加精進。插在豆腐，則是慰勞總是被使用來縫紉硬物的針。此外，面向淡島堂的右側更立有「魂針供養碑」。

Information
東京都台東区浅草2-3-1
☎ 03-3842-0181（淺草寺）
🚆 搭乘東京Metro地鐵銀座線等，從「淺草」站步行約5分鐘

走失的貓咪會自己回來！？人稱「尋回失貓神社」的「蚕影神社」

當哪天愛貓突然消失時，就到這裡祈願吧！

試著祈願看看，聽說真的有人找回走失愛貓

「蚕影神社」又被稱為「尋回失貓神社」，據說能協助找回走失的貓咪。坐鎮境內的當然就是狛貓，而非狛犬。狛貓旁掛滿了繪馬，繪馬上全都寫著飼主希望某天突然走失的愛貓能夠趕快回來的心願。參拜者中更有不少前來祈求行蹤不明的愛貓平安，或是能盡快發現愛貓的飼主。由於蚕影神社的庇祐項目特殊，讓不少信眾遠從北海道或四國前來參拜。

Information

東京都立川市砂川町4-1-1

☎ 042-536-3215（阿豆佐味天神社）

🚆 搭乘JR中央線，在「立川」站轉乘立川巴士，從「砂川四番」站步行約12分鐘

想成為猜謎大王，當然就要參拜「久伊豆神社」！

猜謎神社能加強你猜對謎題的運氣

經電視節目播出爆紅後，更成了猜謎愛好者的聖地

位於埼玉縣的久伊豆神社日文發音為「くいず」，自然就被稱為猜謎神社。久伊豆神社在西元1987年的第十一屆横跨美國極限猜謎節目「Trans America Ultra Quiz」中，被選為預賽場地後開始受到日本全國關注，成為參加電視節目的猜謎愛好者及觀眾心中的聖地。即便到了今日，猜謎節目的製作人都還是會到此參拜。此外，據說久伊豆神社在祈求關鍵時刻勝利也相當靈驗。

Information

埼玉県埼玉市岩槻区宮町2-6-55

☎ 048-756-0503

🚆 搭乘東武野田線，從「岩槻」站步行約15分鐘

「玉姫稻荷神社」舉辦的鞋祭與鞋供養 竟然可見灰姑娘的玻璃鞋！

要感謝鞋子帶領我們走向平坦安穩的人生道路

在地產業的發展守護神 據說也能幫助締結姻緣

灰姑娘飛黃騰達歸功於玻璃鞋。你是否會順手丟掉穿舊的鞋子？愛鞋之人，不可錯過這間人稱「鞋子神社」的玉姫稻荷神社。每年4月及11月的最後一個週末都會舉辦「鞋品感恩市集」，皇冠內放有巨大高跟鞋及供奉有皮鞋的神轎會在活動中登場，炒熱現場氣氛。神社不僅有供養並焚化舊鞋，以祈求雙腳健康的習俗，鞋店店家也會提供專業的選鞋意見，廣受各方好評。

Information
東京都台東区清川2-13-20
☎ 03-3872-3411
搭乘JR常磐線等，從「南千住」站步行約12分鐘

祈求「交通安全」的發祥地 只要是駕駛人，都一定要到「谷保天滿宮」參拜！

全球引以為傲的日本汽車歷史聖地就在此處！

日本首輛汽車車主 就是人稱「汽車殿下」的 有栖川宮威仁親王

雖然以供奉學問之神著稱，卻也是日本汽車文化的發祥聖地。明治41年（1908），人稱「汽車殿下」的有栖川宮威仁親王搭乘自己親手在汽車工廠製造，日本首輛的汽車遠足旅遊，而谷保天滿宮即是終點站。抵達目的地後，親王一行人入宮參拜，感謝在面對路況不佳的同時，還能順利行駛完全程，未發生意外及故障，因此谷保天滿宮也成了祈求交通安全的發祥地。

Information
東京都国立市谷保5209
☎ 042-576-5123
搭乘JR南武線，從「谷保」站步行約3分鐘

想要有雙纖細修長的美腿？就向「道祖神社」誠心祈求吧！

女性要美麗必須先有健康
向神祇祈求有雙美腿吧！

龜有香取神社所供奉的經津主命是位武神，不僅負責振興運動、主宰身體健康，更是腰部及足部的守護神。境內供奉的道祖神則是庇佑旅人擁有健康雙腿的神祇。在兩位神祇的神力合一後，更結合了女性之美來自足部的概念，化身為女性美足的守護神。境內販售的「健康美腳御守」是仿照日本舞妓穿著的帶跟木屐鞋製成，設計相當可愛。

借助勝利之神的
百戰百勝神力
成功減肥

Information

東京都葛飾区亀有3-42-24

☎ 03-3601-1418（龜有香取神社）

搭乘JR常磐線，從「龜有」站步行約5分鐘

想要有頭柔亮潤澤的秀髮？那就要參拜王子神社境內末社的「關神社」！

關神社供奉
有日本發明
假髮的神祇

想要解決家姊頭頂煩惱的那份
心意讓蟬丸法師由人升格為神

無論今古，人們對於頂上煩惱都不曾改變。關神社供奉的蟬丸法師為了解決家姊的頭髮煩惱，成了日本首位發明假髮之人。由於蟬丸法師原本就被視為音曲技藝之神，在這層關係的連結下，更成了歌舞伎及淨琉璃相關人士等，與假髮、髮髻淵源極深的髮型元祖之神。現在除了深受假髮與美容理容業界人士尊崇外，為頂上問題苦惱之人也會前往參拜。

Information

東京都北区王子本町1-1-12

☎ 03-3907-7808（王子神社）

搭乘JR京濱東北線等，從「王子」站步行約3分鐘

後記

日本神祇為數之多，讓世間流傳著八百萬神的說法。要從中尋找符合自我心願，也就是能庇佑願望實現的最佳神祇是非常困難的。實際前往參拜後，其實讀者們就會察覺，現今絕大部分供奉的神祇都擁有多重神力。

若神社以「姻緣之神」、「財福雙全之神」等非常清楚明瞭的形容詞說明神祇的話，信眾當然就能夠有所適從，但神社若沒有提供明確的指引，就可能讓參拜者不清楚所拜何神，在祈念力道上自然遜色許多。每位神祇為何會擁有如此多樣的神力？主要關鍵在於日本神祇「自在性」這項顯著特徵。神祇們除了能夠不受時間空間侷限，自在地存在，在面對世人的欲求及煩惱時，也能自在地應對化解。

即便如此，每位神祇還是擁有依其原始性格所發展形成的主要靈力，這是怎樣都不會改變的。我認為，在神祇「主要靈力」的發揮下，必能為信眾祈願帶來加乘效果，因此要怎麼拜得靈驗、拜得有效，都將取決於參拜者的思維方式，這也是讀者們在尋找能符合自我祈願需求的神祇（神社）時，最重要的環節。

本書依不同參拜需求區分出各類神社，讓讀者不用花費心思尋找想拜的神到底在哪裡。在此要對協助提供資訊的各社寺人員表達十二萬分的謝意。此外，也要非常感謝靜內二葉編輯、記者茂木宏美，在兩位的協助下，才能順利規劃出相對有效率的參拜路線。

或許有讀者會認為，這般顯露出自己的祈願欲望不甚妥當，但世人所想所求的，其實自古早已被神祇看透，因此我認為無須過度執著探究這樣的思維適切與否。也希望讀者們務必遵守神社規定，抱著愉快的心情參拜神社。

二〇一六年十二月　戶部民夫

參考文獻

戸部民夫
『神社でたどる「江戸・東京」歴史散歩』
洋泉社

戸部民夫
『「日本の神様」がよくわかる本
八百万神の起源・性格からご利益まで完全ガイド』
PHP研究所

江戸東京散策倶楽部編
『江戸東京歴史散歩1　都心・下町編』学習研究社

江戸東京散策倶楽部編
『江戸東京歴史散歩2　都心・山の手編』学習研究社

稲葉博
『東京古社名刹の旅』読売新聞社

小山和
『江戸古社70』NTT出版

依各社寺本身的情況，書中所提到的資訊將有可能變更。
針對各社寺參拜時間及祭典等最新資訊，
敬請參考官方網站或相關消息後再行前往參拜。
此外，步行所需時間是以每80公尺行走1分鐘的速度計算。
書中所提到的主要祭祀神祇等相關資訊皆參照各社寺的公開說明內容。
上述內容，還請知悉。

放大鏡下的日本城市慢旅
放大細節，不再走馬看花
圖解日本名勝與文化
剖析建築美學・人文藝術
全彩自我導覽旅遊書
東京
名古屋東海
京都
沖繩
圖鑑
定價380元　168頁
14.8×21cm　彩色

TITLE

東京神社最強參拜地圖

STAFF

出版　瑞昇文化事業股份有限公司
作者　戸部民夫
譯者　蔡婷朱

總編輯　郭湘齡
責任編輯　黃美玉
文字編輯　徐承義　蔣詩綺
美術編輯　陳靜治
排版　菩薩蠻數位文化有限公司
製版　大亞彩色印刷製版股份有限公司
印刷　桂林彩色印刷股份有限公司

法律顧問　經兆國際法律事務所　黃沛聲律師

戶名　瑞昇文化事業股份有限公司
劃撥帳號　19598343
地址　新北市中和區景平路464巷2弄1-4號
電話　(02)2945-3191
傳真　(02)2945-3190
網址　www.rising-books.com.tw
Mail　deepblue@rising-books.com.tw

初版日期　2017年8月
定價　300元

ORIGINAL JAPANESE EDITION STAFF

ブックデザイン　米倉英弘+成富チトセ
(細山田デザイン事務所)
撮影・協力　茂木宏美
イラスト　北村人
デザイン協力　デザインオフィスCOO
DTP　天龍社／横村 葵
掲載協力　「御朱印・神社メモ」
https://jinjamemo.com/
写真提供　社寺各社

國家圖書館出版品預行編目資料

東京神社最強參拜地圖 / 戶部民夫著 ;
蔡婷朱譯. -- 初版. -- 新北市 :
瑞昇文化, 2017.08
128 面 ; 14.8 X 21公分
ISBN 978-986-401-189-6(平裝)

1.旅遊 2.神社 3.日本東京都

731.72609　106012452